MILLONARIO EN UN FIN DE SEMANA

FUNDADOR Y CEO DE APPSUMO

NOAH KAGAN

CON **TAHL RAZ**

CONECTA

El papel utilizado para la impresión de este libro ha sido fabricado a partir de madera procedente de bosques y plantaciones gestionadas con los más altos estándares ambientales, garantizando una explotación de los recursos sostenible con el medio ambiente y beneficiosa para las personas.

Millonario en un fin de semana
Lanza tu negocio de un millón de dólares en solo 48 horas

Título original: *Million Dollar Weekend: The Surprisingly Simple Way to Launch a 7-Figure Business in 48 Hours*

Primera edición: febrero, 2025

ISBN: 978-607-385-434-4

Impreso en México – *Printed in Mexico*

Dedicado a todo aquel que esté dispuesto a darse una oportunidad a sí mismo.

Índice

TERCERA PARTE. **HAZLO CRECER**
Genera dinero mientras duermes

Las excusas más frecuentes

Bienvenido a un libro que te ayudará a echar a andar un negocio de un millón de dólares en un fin de semana. Solemos pensar que no estamos listos para empezar... pero tú lo estás. El hecho es que personas comunes inician negocios rentables todos los días. No tienes que ser rico, súper inteligente o muy experimentado para empezar.

Sin embargo, lo más probable es que tengas excusas que te han limitado hasta ahora. No dejes que vuelva a suceder. A continuación, te presentaré las 10 excusas más frecuentes y los capítulos donde las destruiremos:

1. "No tengo buenas ideas".

Tal vez sea cierto, pero lo que sí tienes es problemas, y tus amigos y toda la gente en este mundo también los tienen. Esto es lo único que necesitas para generar ideas de negocios de un millón de dólares. Una vez que hayas aprendido el enfoque "el cliente es primero", que analizaremos en el capítulo 3, contarás con tantas ideas de negocios que no sabrás qué hacer con ellas.

2. "Tengo demasiadas ideas".

Elige las tres en las que creas que será más divertido trabajar. En el capítulo 4, aprenderás a usar la investigación de mercado y un modelo de negocios de un minuto para definir cuál de tus tres ideas tiene el mayor potencial.

3. "Echar a andar un negocio es riesgoso. Me angustia renunciar a mi empleo".

Lo que en verdad es riesgoso es pasar toda tu vida en un empleo que odias, con gente que te desagrada y resolviendo problemas que no te interesan. No renuncies a tu empleo formal de 9:00 a. m. a 5:00 p. m., solo empieza a implementar el proceso millonario en un fin de semana (capítulo 5) temprano por las mañanas, en la noche y los fines de semana. Cuando hayas validado una idea y estés ganando la cantidad suficiente para cubrir tus gastos mensuales, también conocida como la "cifra de la libertad", podrás renunciar. Yo lo he hecho dos veces.

4. "He comenzado algunos negocios, me empieza a ir bien, pero luego pierdo el interés".

Mal hecho. Cualquiera de esos negocios pudo ser lo que querías. No empezar y no terminar algo son dos manifestaciones que provienen de una serie similar de miedos (lo veremos en el capítulo 1). En este libro aprenderás la ley del 100, la cual te ayudará a superar la resistencia cada vez que sientas deseos de rendirte.

5. "¿Pero cómo crecerá el negocio?".

Esta frase es lo que te impide conseguir a tu primer cliente. Solo deja que todo sea sencillo y simple para ti. No pienses en crecimiento, enfócate en comenzar. Más adelante, en los capítulos de la tercera parte, "Hazlo crecer", hablaremos de cómo ampliar tu negocio.

6. "No tengo suficiente tiempo para construir un negocio".

Busca procesos que puedas automatizar o documenta ciertas áreas de tu negocio para facilitar la contratación de alguien que te ayude. Mi sistema de productividad (capítulo 9) me permite dirigir un negocio de ocho cifras, un canal de YouTube y un blog, mientras trabajo diariamente, viajo y realizo otras actividades. Si algo es una prioridad, siempre podemos hacernos tiempo para ello.

7. "Necesito leer más libros, investigar a fondo y estar perfectamente preparado antes de empezar de lleno".
Nunca te sentirás listo al 100%, así que solo necesitas comenzar. No compres otro libro ni veas otro video hasta que no hayas ejecutado este proceso y empezado tu negocio de un millón de dólares. Confía en mí, ¡llegó la hora de actuar (capítulo 1)!

8. "¡Soy súper pobretón!" Ya he gastado demasiado dinero y no he generado ni un centavo en ganancias".
No gastes un solo centavo más hasta que no hayas ganado tu primer dólar. Para llevar a cabo el proceso para ser millonario en un fin de semana (capítulo 5), no necesitas dinero para empezar.

9. "No soy bueno para hacer publicidad".
Cuando tienes un producto que la gente quiere, hacer publicidad es muy sencillo. En el capítulo 3, descubrirás cómo encontrar, paso a paso, ideas por las que la gente estaría dispuesta a pagarte. Después, en los capítulos 6, 7 y 8, te mostraré los mismos métodos de marketing que usé para ayudar a Mint a conseguir un millón de usuarios en seis meses y para que TidyCal.com alcanzara en un periodo similar los 10 000 clientes inscritos y pagando.

10. "Necesito un cofundador con conocimientos técnicos que implemente inteligencia artificial, realidad virtual, realidad aumentada o la tecnología más reciente".
No, lo que necesitas es hacer dinero primero. Tus clientes no quieren más software, solo buscan soluciones (capítulo 3). Enfócate en eso, créeme que hay maneras económicas de validar un negocio que no requieren de programadores.

Comienza aquí

Tras haber iniciado ocho negocios millonarios por mi cuenta (Kickflip, Gambit, KingSumo, SendFox, Sumo, TidyCal, Monthly1K, AppSumo), quise probar que podía enseñarles a otros a hacer lo mismo. Mientras intentaba compartir el proceso, me di cuenta de que este consistía en solo tres pasos esenciales que llamé **el proceso para ser millonario en un fin de semana:**

1. Encuentra un problema que tenga la gente y que tú puedas resolver.
2. Diseña una solución irresistible cuyo potencial de generar más de un millón de dólares pueda respaldarse con una sencilla investigación de mercado.
3. No inviertas ni un centavo para confirmar que tu idea funciona (o no). Solo realiza una preventa antes de validar tu propuesta y empezar a operar.

Supe que había hecho un descubrimiento valioso porque, desde el principio, la gente que siguió el proceso pudo lanzar un negocio alternativo rentable.

Gente como Michael Osborn, quien usó estos tres pasos para transformar su interés en los bienes raíces en un negocio de consultoría que le empezó a generar 83 000 dólares mensuales.

O como Jennifer Jones, que lanzó un negocio alternativo de galletas de 20 000 dólares anuales (¡a mí me encantan las de chispas de chocolate!).

O como Daniel Reifenberger, quien pasó de trabajar en una tienda de Apple a fundar un negocio en el que asesora a la gente en el área de tecnología y le genera 250 000 dólares al año.

El problema era que, en mis redes sociales, por cada Michael, Jennifer y Daniel, había 1 000 aspirantes a emprendedores que ni siquiera pudieron empezar. Me parecía un gran misterio: si toda la información que se necesita para echar a andar un negocio se encuentra disponible de forma gratuita, si basta con que te comprometas para que el proceso millonario en un fin de semana te funcione, entonces ¿por qué es tan difícil para tanta gente?

En 2013, me propuse resolver el misterio, así que creé un curso llamado "Cómo hacer un negocio de 1 000 dólares al mes". Empecé con un grupo de cinco personas en fase de prueba beta: un programador, un entrenador de caballos y tres personas con empleos ordinarios, los cuales tenían todo lo necesario para iniciar su propio negocio.

Dos semanas después de que empezó el curso, descubrí con estupor que ninguna de las personas del grupo había avanzado. Para comprender lo que estaba sucediendo, me reuní con todos en una sala de juntas e hice una terapia de grupo empresarial para analizar lo que los estaba deteniendo a todos.

Resulta que no se trataba de falta de habilidades, deseo o inteligencia, lo que les impedía actuar eran los dos mismos miedos:

1. **MIEDO A EMPEZAR.** En algún momento, a las personas les dicen que la actividad empresarial es demasiado riesgosa, y se lo creen. Entonces, muchos suponen que para vencer sus inseguridades requieren de más preparación, más planeamiento y más conversaciones con sus amigos. No obstante, ese tipo de inactividad solo produce más miedo y dudas. En realidad, la mejor manera de aprender lo que necesitamos saber —y convertirnos en quienes deseamos ser— es comenzando de una buena vez.

Los pequeños experimentos, repetidos a lo largo del tiempo, son la receta para la transformación en los negocios y en la vida.

2. **MIEDO A PREGUNTAR.** Poco después de empezar, surge el miedo al rechazo. Es probable que tengas habilidades impresionantes, un producto asombroso y todas las ventajas que puedas imaginar, pero no venderás nada si no logras enfrentar a otra persona y pides lo que deseas. Ya sea que quieras vender un producto o necesites ayuda de otra manera, debes ser capaz de pedir para obtener. **Una vez que reestructures el rechazo para verlo como algo deseable, el acto de pedir se convierte en un poder.**

Después de esa reunión, le ayudé a ese primer grupo y luego a miles más a vencer estos bloqueos, y si tú permaneces a mi lado a medida que leas, también te ayudaré a superarlos y a iniciar tu propio negocio de un millón de dólares.

A partir de ahora, todo lo que hagas con este libro, tanto durante la lectura como después, lo deberás ver como un experimento. A la gente que se preocupa porque cree que "iniciar un negocio" es un proyecto abrumador, considerar que esto es un experimento le ha permitido realizar un cambio profundo porque, después de todo, se supone que los experimentos pueden fallar. Y si eso sucede, solo tomas lo aprendido y lo intentas de nuevo, pero de una forma un poco distinta.

Piensa, por ejemplo, en mí y en cualquiera de los súper exitosos empresarios o campeones de los negocios alternativos que he conocido a lo largo de los años. Resulta asombroso, pero el rasgo en común que casi todos compartimos es la apabullante cantidad de negocios, al parecer azarosos, que hemos tratado de echar a andar, empezando desde nuestra niñez. Cursos en internet, libros autopublicados, negocios de consultoría, propiedades en Airbnb, publicidad afiliada, canales de YouTube, sitios de citas para universitarios y tantas opciones más...

Y en la gran mayoría de los casos, ¡nuestros proyectos fallaron!

Entonces, ¿cuál es el vínculo entre todos estos fracasos azarosos y el éxito que terminamos teniendo? Es obvio que no se trata de nuestra experiencia. Se debe, más bien, a que todos hemos estado dispuestos a realizar pequeños experimentos.

El hecho de que tarde o temprano tuviéramos éxito es solo resultado de que probamos muchísimas más ideas, punto. Es a lo que le llamo la **valentía del creador.** Estoy convencido de que todos nacemos con esta valentía, y para quienes la han perdido, este libro les ayudará a redescubrir su **capacidad de tener ideas (comenzar) y tener el valor de probarlas (pedir).**

Si pensamos en los primeros años de nuestra vida, es bastante sencillo recordar experiencias "temibles" que, después de probarlas, dejaron de causarnos tanto miedo. ¿Recuerdas la primera vez que intentaste andar en bicicleta? ¿O contener la respiración bajo el agua? ¿Escalar un árbol? ¿Caminar? Lo problemático que fue aquella prueba y error podría parecerte incómodo ahora, pero piensa que, cuando no nos daba miedo dar un gran salto en el lodo y ensuciarnos las manos, aprendíamos más rápido ¡y nos divertíamos mucho más!

Lo único que cuenta es dar ese salto. Los creadores más valientes solo saltan más veces a pesar de su miedo, y lo que viene después de los saltos es una creación exitosa. Si analizas la historia de todas las empresas importantes y de renombre desde sus inicios, verás que todo comenzó con un salto hacia lo desconocido y un pequeño experimento:

Apple: Empezó con dos amigos que trataron de diseñar un kit informático portátil.

Facebook: Inició como un proyecto de fin de semana similar a Hot or Not, pero para estudiantes universitarios.

Tesla: Al principio, solo se trataba de un prototipo de automóvil eléctrico para convencer a las empresas de fabricar vehículos de este tipo.

Google: Comenzó como un proyecto de investigación.

Airbnb: Empezó un fin de semana como una forma de encontrar alojamiento en la sala de estar de alguien para poder asistir a conferencias.

Khan Academy: Surgió como una serie de videos de diez minutos que Sal Khan grabó para sus primos.

AppSumo: Empezó como una manera de conseguir descuentos en software que me gustaba.

> La mayoría de la gente nunca toma el teléfono, la mayoría de la gente nunca pregunta, y eso es lo que, en ocasiones, separa a quienes hacen las cosas de quienes solo sueñan con hacerlas. Tienes que actuar. Y tienes que estar dispuesto a fracasar.
>
> —STEVE JOBS

Los negocios son un ciclo interminable de comenzar y probar ideas nuevas, de preguntar si la gente pagará por ellas y luego intentar hacerlo de nuevo con base en lo que has aprendido. Si tienes miedo de comenzar o de pedirle algo a alguien, no puedes experimentar, y si no puedes experimentar, no puedes hacer negocios.

Esto no tiene que ver ni con la fuerza de voluntad ni con la autodisciplina. Nadie va a fastidiarte, regañarte o intimidarte para que eches a andar un negocio. Mi enfoque favorito para comenzar es ¡tratar de divertirme!

La gente hace todo tipo de actividades aterradoras en nombre de la diversión, y la actividad empresarial no es la excepción. Si logras que el proceso sea divertido, podrás superar tus miedos.

Entonces, ¡divirtámonos un poco! Hacer negocios te brinda la asombrosa oportunidad de aprender sobre ti mismo, jugar con ideas, resolver tus propios problemas, ayudar a otras personas y recibir un pago al mismo tiempo. Ver los negocios desde esta perspectiva liberará tu imaginación, te permitirá ser menos crítico contigo mismo y juzgarte menos, y abrirá tu mente al tipo de experimentos lúdicos que me gustaría que realices.

¡Este será el fin de semana más divertido y productivo que hayas tenido en años!

¿Por qué solo un fin de semana? ¡Porque así no tendrás tiempo de echarte para atrás!

Gracias al trabajo realizado con miles de estudiantes, he descubierto que limitar el periodo a un fin de semana, tiempo con que todos cuentan, te impulsa a ser inventivo, a enfocar tu atención solo en lo esencial y a descubrir cuánto más puedes lograr con tus limitaciones. Recuerda que solo tienes 48 horas.

Cada uno de los siguientes capítulos contiene desafíos probados y comprobados que desarrollé para impulsar a los futuros emprendedores a salir de su zona de confort y entrar a la zona de anotación. A medida que sigas mis instrucciones, enfrentes desafíos y superes tus miedos, también estarás desarrollando tu negocio de un millón de dólares, paso a paso.

Así es como está estructurado tu viaje del fin de semana millonario:

PRIMERA PARTE. **COMIENZA**

En los tres o cuatro días previos a tu fin de semana, empezarás a leer la primera parte. Estos capítulos reavivarán tu valentía de creador y te prepararán para empezar a toda marcha en cuanto se inicie el proceso.

En el capítulo 1, te mostraré cómo aplicar la mentalidad "ahora, no cómo", la cual es esencial para la experimentación. Luego, calcularemos tu cifra de la libertad para que sepas con claridad hacia dónde te diriges.

En el capítulo 2, aprenderás sobre las metas de rechazo, que te ayudarán a desarrollar tu músculo del pedir. Llevarás a cabo el desafío del café, un ejercicio que podría cambiarte la vida porque te mostrará lo temerario que eres, y también practicarás la habilidad de solicitar lo que necesitas, la cual te empoderará en este proceso de la construcción de un negocio de un millón de dólares.

SEGUNDA PARTE. **CONSTRÚYELO**

Aquí está, ¡tu fin de semana millonario! En esta parte te conduciré a través del proceso, paso a paso. Aquí diseñarás, verificarás y pondrás a andar tu negocio de un millón de dólares.

En los capítulos 3, 4 y 5 (equivalentes a viernes, sábado y domingo), pasarás de cero a un dólar y conseguirás tus primeros tres clientes. Para llegar a ese momento, tendrás que aprender técnicas que te permitirán generar ideas de negocios rentables y determinar en cuáles de ellas hay oportunidades de ganar un millón de dólares. Después, abordaremos el desafío de las 48 horas para conseguir los primeros clientes que pagarán.

Quiero que trabajes rápido y te mantengas enfocado como láser al pasar de la idea al primer cliente. ¿No lograste que ningún cliente real te pagara? ¡Genial! Celebraremos tu victorioso fracaso que, en realidad, no te quitó mucho tiempo ni dinero, y luego encontraremos rápidamente la manera de validar tu siguiente idea. Recuerda: ¡lo único que necesitas es un fin de semana!

TERCERA PARTE. **HAZLO CRECER**

Lo que te lleve a tu primer dólar también te ayudará a conseguir tus primeros 1 000 dólares. Sin embargo, para escalar de 100 000 dólares a un millón, necesitarás diseñar una máquina de crecimiento. En la actualidad, la herramienta de crecimiento más poderosa para los emprendedores solitarios consiste en un sistema tripartito: generación de contenidos, formación de una audiencia y marketing por correo electrónico. Este sistema lo estableceremos en los capítulos 6 y 7.

Todos los capítulos incluyen un desafío que te ofrece un activo concreto para tu negocio. En el capítulo 8, por ejemplo, ese activo es el enfoque del marketing con base en la experimentación, el cual me ayudó a hacer crecer Mint.com de cero a un millón de usuarios en solo seis meses. Funcionó tan bien para Mint, que ahora lo uso para todos los productos, servicios o empresas nuevas que lanzo.

El capítulo 9 recoge tu atención de los negocios y la lleva de vuelta a tu desarrollo personal. Ahora que eres emprendedor, eres responsable de tu productividad, tu entrenamiento, tu crecimiento y de la gestión de tu tiempo. Necesitarás un enfoque y un sistema diferentes para organizar tus días, uno que optimice tu felicidad general por encima de todo. Porque, si no, ¿entonces para qué esforzarte? Este último capítulo no solo trata sobre construir un negocio, sino sobre crear una vida que ames.

DESAFÍO

El contrato del millonario en un fin de semana

La gente que ha tenido éxito gracias a este material tiene algo en común: se compromete con el proceso y lo sigue al pie de la letra. Quiero que tengas éxito y que elabores un contrato en el que te comprometas a seguir los pasos enlistados en el libro. Llegó el momento de crear la vida de tus sueños. Este contrato hará que te emociones respecto al futuro y te ofrecerá la motivación necesaria cuando te haga falta.

Contrato contigo mismo

Yo, ______________________ (tu nombre), me comprometo a trabajar para lograr mi sueño, a divertirme durante la experiencia, a enfrentar mis miedos y a realizar todos los desafíos de este libro.

El resultado que sueño obtener después de leer *Millonario en un fin de semana* es:

____

____

____

____

Firma: ______________________

Fecha: ______________________

DIARIO, PLANTILLAS, MODELOS Y OTROS MATERIALES GRATUITOS DE ***MILLONARIO EN UN FIN DE SEMANA***

Si quieres tener tu propio diario para documentar tu fin de semana millonario, visita MillionDollarWeekend.com y descarga la plantilla del diario. Alguna de estas notas garabateadas que hagas podría convertirse en tu negocio de un millón de dólares. Los estudiantes más exitosos usan los diarios para escribir su progreso y así mantenerse enfocados y asimilar las ideas.

En el sitio también encontrarás modelos, plantillas y tutoriales en video de todo el contenido de este libro. Si no te gusta teclear, puedes escanear el código QR. Es completamente gratis. Disfrútalo.

MillionDollarWeekend.com

PRIMERA PARTE

COMIENZA

Redescubre tu valentía de creador

En el camino a la verdad, solo se pueden cometer dos errores... no recorrer todo el camino y no empezar.

—BUDA

CAPÍTULO 1

¡Solo comienza, carajo!

COMIENZA ANTES DE ESTAR LISTO

"Noah, Hoy es tu último día".

Ese día de junio de 2006 parecía cualquier otro. Desperté en la casa de Facebook, el lugar donde vivía con otros chicos que trabajaban en el mundo soñado de Mark Zuckerberg.

Esa mañana, fuimos todos juntos en automóvil a las oficinas de Facebook en Palo Alto. Me senté y empecé a jugar con algunas modificaciones que le estaba haciendo a una nueva función que ayudé a inventar, llamada actualización de estatus (*status updates*). De pronto, el individuo que me contrató y que ahora vale más de 500 millones de dólares dijo: "Oigan, vamos a la cafetería de enfrente para hablar del trabajo".

Habían transcurrido nueve meses, ocho días y cerca de dos horas desde que me contrataron como el trigésimo empleado de Facebook. Solo tenía 24 años y me encontraba ahí, en medio del grupo de gente más lista que había conocido hasta entonces, un grupo dirigido por un hombre-niño que, incluso entonces, parecía ser el más inteligente de todos.

Había estudiantes de las universidades del circuito Ivy League, los más sesudos, programadores y gurús del ámbito empresarial. Todos estábamos haciendo lo que creíamos que era el trabajo más impactante y relevante del mundo. Yo obtuve el 0.1% de Facebook en acciones, lo que en 2022 habría valido cerca de mil millones de dólares. Estaba en el cielo.

Pero la vida avanza rápido. En cuestión de segundos, pasé de vivir de la manera más increíble a experimentar un sentimiento de profunda vergüenza y humillación.

Matt Cohler, de los primeros empleados de Facebook y LinkedIn, y socio general en Benchmark, dijo que yo era un pasivo para la empresa y, desde entonces, esta palabra ha hecho eco en mis pesadillas.

Debo mencionar que, mientras estaba de parranda con algunos colegas en Coachella, divulgué los planes de Facebook de expandirse más allá del ámbito universitario: se lo conté a un prominente periodista especializado en tecnología.

En realidad, me estaba autopromocionando al usar mi puesto y experiencias en Facebook para organizar reuniones de emprendimiento en la oficina y publicar entradas de blog en mi propio sitio web. A medida que la empresa empezó a crecer y pasó de ser un bebé a una monstruosidad, los talentos que me permitieron prosperar en el ámbito de la startup se transformaron en pasivos dentro de la estructura de la corporación.

—¿Hay algo que pueda decir para quedarme? Lo que sea —supliqué. Matt negó con la cabeza y, veinte minutos después, todo había terminado.

Pasé los siguientes ocho meses tirado en el sofá de un amigo, obsesionado con mi dolor, mientras analizaba cada detalle de lo que había sucedido. Fue un momento decisivo, un parteaguas.

Una parte de mí se esperaba algo así desde el momento en que me contrataron en Facebook y me sentí rodeado de esos súper nerds que solo hablaban de cambiar el mundo. El ambiente me hizo sentir inseguro respecto a quién era y qué tenía para ofrecer, aunque desde años antes, cuando estaba en la preparatoria, ya había aceptado el amargo trago: sabía que no pertenecía al mismo club que ellos.

Nací y fui criado en California; pasé mi infancia en San José. Mi padre era un inmigrante de Israel y no hablaba inglés, o al menos no muy bien. Vendía copiadoras. Y si algo sabía yo era que no quería hacer lo mismo que él. Andar cargando por ahí una pesada copiadora es un trabajo físico difícil y te hace sudar. Mi mamá era enfermera, trabajaba en el turno nocturno en el hospital y lo odiaba. Tampoco quería seguir su ejemplo.

Fue por pura suerte que terminé estudiando en Lynbrook High, una de las 100 mejores preparatorias de Estados Unidos. Yo era un chico promedio en una competitiva escuela del área de la Bahía, repleta de los hijos e hijas de la élite del ámbito tecnológico del país. Marti, mi mejor amigo, empezó a trabajar como desarrollador sénior en Google. Boris, otro de mis mejores amigos, fue el empleado número 20 de Lyft. Otros compañeros le vendían empresas a Zynga por millones de dólares. Estar rodeado de esa gente en la escuela me abrió los ojos y me elevó.

Sin embargo, eso no me hacía uno de ellos. Para ingresar a Berkeley, tuve que colarme por una puerta lateral. Me inscribí en uno de los cursos para tontos del semestre de primavera, de los llamados cursos de extensión. Logré entrar solo porque otro chico decidió no tomar el curso y su lugar quedó libre. Lo peor de todo fue que en mi primer año me fue tan mal en el examen de inglés del SAT, que, a pesar de ser estadounidense de nacimiento, me colocaron en una clase de aprendizaje de inglés como segunda lengua. Para ser franco, no sé cómo Berkeley me admitió.

Los primeros años de mi carrera estuvieron plagados de "casi éxitos". En mi penúltimo año, conseguí una pasantía en Microsoft. En general, cualquiera que hace un internado ahí consigue empleo; sin embargo, a mí me rechazaron porque me fue mal en las entrevistas. Luego recibí una oferta de trabajo en Google antes de que la empresa hiciera su oferta pública inicial, pero la retiraron porque no sabía hacer divisiones largas. ¡Divisiones largas!

Y luego, por supuesto, Mark Zuckerberg me despidió.

En ese momento de mi vida, sentí que no merecía tener éxito, que no era lo bastante bueno, que ya había perdido el juego y que todos los demás eran mejores que yo. De hecho, a veces tengo que seguir luchando con esos sentimientos.

Y aun así, incluso entonces, sabía que había algo en mí, una chispa o, más bien, la capacidad de generar chispas. El problema era que mi talento se encontraba en un estado primitivo y desorganizado; era un talento que todavía no se había convertido en habilidad. Por alguna razón, tenía una increíble facilidad para elegir grandes oportunidades, pero continuaba fracasando.

Después de que me despidieron de Facebook, a lo largo de todos esos meses que pasé tirado en el sofá, no dejé de dar vueltas escondido debajo de una cobija de vergüenza, incapaz de imaginar que algo peor que eso pudiera sucederme en lo que me quedaba de vida. Antes de que me despidieran, estaba a solo tres meses de que me otorgaran ciertos privilegios, pero ni siquiera me lo recuerden, por favor. Mi confianza estaba por los suelos. Tal vez tuvieron razón en despedirme, ¿cierto? Me dijeron que era inútil, incompetente, inferior.

Y cuando digo "dijeron", me refiero a las voces en mi cabeza.

Aunque no habría sido capaz de expresar esto en aquel momento, lo mejor que pudo sucederme en ese periodo fue una epifanía: comprendí que debía averiguar cómo volverme empresario por mi cuenta y, de paso, compartir mi experiencia con otros.

Por eso dejé de ocultar lo que había pasado y les conté a todos sobre mi "fracaso". Años después, incluso se convirtió en una manera de presentarme: "Hola, soy yo, ¡el tipo al que despidieron de Facebook!". ¡Y a la gente le encantó! Superé por completo mi miedo respecto a lo que los otros pensaban de mí.

En el fondo, sentí que mi fracaso me había liberado, no para seguir siendo despedido ni para perder miles de millones de dólares, obviamente. Pero sí liberado del temor de actuar a mi manera y para experimentar y encontrar mi propio camino.

Este suceso me hizo sentir que me quemaba por dentro, que tenía que comenzar de inmediato.

Experimentación

> Muéstrame a un experimentador y, tiempo después, yo te mostraré un futuro ganador.
>
> —SHAAN PURI

Entonces, comencé de nuevo.

Los siguientes años abordé todas las oportunidades de negocio que se me presentaron sin importar cuán azarosas y dispares fueran. Pasaba el día en una ensoñación y creía que aparecería un instante enorme e impresionante en el que podría redimirme y, lo más importante, mostrarle a Mark Zuckerberg el terrible error que había cometido.

Era joven, estúpido y descuidado, pero también estaba aprendiendo rápido, y si esto fuera una película, verías mi avance acompañado de música vigorosa. En poco tiempo inicié un sitio de apuestas deportivas en internet, pero me di cuenta de que odiaba los deportes. De pronto, me encontré viajando a Sudamérica y al sureste de Asia durante un tiempo. Estaba en medio de un experimento interminable en el que iniciaba negocios alternativos, ponía en práctica ideas de sitios web y exploraba aventuras en el diseño de estilos de vida. Yo...

- Les enseñé a estudiantes de la Isla de Jeju, en Corea, a hacer marketing en internet.
- Asesoré a empresas incipientes o startups, como ScanR y SpeedDate.
- Realicé una serie de torneos de startups contra capital de riesgo con el formato del juego Quemados.
- Publiqué entradas de blog en mi sitio OkDork y lancé Freecallsto.com para cubrir el área de la incipiente industria de las llamadas por internet.
- Fundé peoplereminder.com, un sitio de personal de gestión de relaciones con clientes.
- Organicé sesiones de *happy hour* y eventos locales, como reuniones para jugar ajedrez, a través de Entrepreneur27.org.

- Fundé un negocio de conferencias llamado CommunityNext y empecé a generar 50 000 dólares por evento, simplemente por hacer lo mismo que habría realizado de forma gratuita: reunir a estrellas de negocios emergentes, como Keith Rabois, Max Levchin, David Sacks y Tim Ferriss.

Fue durante ese tiempo que surgieron las variables para la fórmula del fin de semana millonario... y no solo para iniciar un negocio, sino también para diseñar una vida libre y plena gracias a la actividad empresarial.

Todos los días realizaba un experimento distinto, aprendía una nueva lección y vivía en el ajetreo que solo las oportunidades pueden gestar, hasta que un día un amigo me mostró un producto en desarrollo de una empresa desconocida que se llamaba My Mint. Aaron Patzer, el fundador, creó una herramienta para ayudar a la gente a administrar sus finanzas, y su prototipo me dejó asombrado. Como en aquel tiempo escribía entradas de blog sobre finanzas personales para mi sitio OkDork, enseguida me di cuenta de que esa herramienta podría ser algo enorme.

Mint me emocionó tanto que le propuse a Aaron ser su director de marketing. El único problema era que, como él lo señaló, yo nunca había trabajado en esa área. Así que actué como siempre lo he hecho: solo comencé. Trabajé mucho y, a pesar de no contar con experiencia, diseñé un plan de marketing con el que conseguimos 100 000 usuarios registrados antes de que el sitio empezara a operar y, seis meses después, un millón de usuarios. Esto provocó que me hicieran una oferta de tiempo completo: el 1% de la empresa y un empleo de 100 000 dólares.

El marketing es sencillo cuando tienes un gran producto. El producto de Mint era tan bueno que, en menos de dos años después de su lanzamiento, Intuit lo compró por 170 millones de dólares. Por desgracia, no recibí un pago de 1 700 000 para mí (¯_(ツ)_/¯). Las matemáticas fueron el motivo que me obligó a empacar. Supuse que la empresa se vendería por un máximo de 200 millones de dólares, lo cual le pondría un límite a mi 1% en acciones: dos millones antes de impuestos. Entonces, la pregunta fue: ¿podría generar una cantidad similar durante los cuatro años que tardarían en consolidarse las acciones? ¿Sería capaz de producir más dinero, alegría y reflexiones de las que obtendría si trabajara cuatro años en un puesto administrativo de nivel medio?

Apuesto a que sí.

Creí que podía porque, mientras trabajé en Mint, también estuve diseñando la fórmula para echar a andar negocios que aprenderás en este libro. Pasé mis mañanas, mis horas de comida y los fines de semana creando Kickflip, una empresa que desarrollaba aplicaciones para Facebook y que luego se transformó en Gambit, un sistema de pago para juegos de mesa en versión móvil.

En menos de dos años, Gambit empezó a generar ingresos superiores a los 15 millones de dólares. Tiempo después, su valor se desplomó debido a un individuo que continúa apareciendo en esta historia (¡gracias, Mark Zuckerberg!), pero hablaré de eso más adelante. No obstante, yo le había apostado al sistema correcto al usar los principios que después evolucionarían y se convertirían en el proceso millonario en un fin de semana: siempre estar alerta a los problemas y verlos como oportunidades, siempre experimentar para encontrar soluciones y siempre preguntar por la venta.

Empecé a ver que, para vivir de forma adecuada como emprendedor, solo necesitaba dejar de pensar tanto y ponerme a trabajar. **Esto significaba comenzar poco a poco, actuar rápido y no preocuparme por lo que no sabía.**

Me volví experto en dar saltos. No tener miedo de comenzar nuevos proyectos hizo que, a diferencia de otras personas, estuviera dispuesto a realizar de manera constante experimentos en mi vida profesional y personal, tanto en aspectos triviales como en los esenciales. Industrias nuevas. Pasatiempos nuevos. Tecnologías nuevas. Puestos nuevos. Gente nueva. Negocios alternativos nuevos. En esas áreas encontré mi superpoder y la lección que ahora quiero transmitirte: **enfócate en iniciar proyectos, en experimentar y en aprender.**

CONSEJO PROFESIONAL: No bases tu felicidad ni tu autoestima en ser el más inteligente, exitoso o rico. Enfocarse tanto en los resultados finales solo te prepara para una gran caída porque siempre habrá alguien más inteligente, exitoso o rico que tú, y cuando notes que te quedaste corto, tu motivación se verá socavada. Deja que tus acciones diarias te definan, es decir, el proceso. Esto te permitirá llegar más rápido y con más alegría al lugar donde quieres estar, en lugar de compararte con los demás.

Esa es la maravilla de la experimentación: cada experimento tiene el potencial de darte recompensas imprevistas que podrían cambiar tu vida.

Pero primero tienes que comenzar.

DESAFÍO

El desafío del dólar

Pídele a un conocido que invierta un dólar en ti y en tu futuro negocio. ¡Solo un mísero dólar!

Esta será tu chispa de inicio. En cuanto lo hagas, te darás cuenta del poder de comenzar y de la simplicidad de los negocios: empezar, pedir, insistir. He visto miles de vidas que cambiaron al llevar a cabo este sencillo e intenso ejercicio.

A cada una de las personas a las que les pidas un dólar, diles que, a cambio, recibirá noticias y un lugar en primera fila para observar el proceso de empezar un negocio desde cero, con todos sus desafíos y logros. Explícales que serán como miembros de tu junta directiva personal. Claro, es una cantidad insignificante, pero el simple hecho de lanzarte y pedir un dólar a los miembros de tu familia, amigos y colegas es una experiencia reveladora que impulsará el inicio de tu proyecto y acelerará tu corazón.

Este es el guion que he visto que funciona mejor:

> Hola [nombre de pila]
> Estoy leyendo un libro que se llama Millonario en un fin de semana, el cual indica que debo pedir un dólar a una persona.
>
> Tú eres la primera persona en quien pensé y significaría mucho para mí recibir tu ayuda.
>
> ¿Me podrías enviar un dólar ahora mismo?
> [tu nombre]

"Oh, no, ahora estoy comprometido", pensarás. ¡Qué bueno! Siente este miedo y hazlo de todas maneras. A mi amigo Ralph Waldo Emerson le gusta decir: "Haz aquello que temes y el miedo morirá sin lugar a duda".

Los miembros de mi audiencia publican todos los días fotografías en las que aparecen muy orgullosos con su primer dólar. Es un acto simbólico que le cambia la vida a cualquiera que haya estado sentado hasta ahora en la banca deseando tener su propio negocio. Y ya que estás en esto, ¡también pídemelo a mí! Esta es mi aplicación de Nenmo/Cash: @noahkagan o paypal@okdork.com. Incluso podría decirte que sí.

Haz una publicación y etiquétame: @noahkagan, #thedollarchallenge. También podría repostear tu publicación.

Gente como tú que hizo el desafío del dólar.

La magia del hábito "ahora, no cómo"

Empezar y experimentar. ¿En serio? ¿Eso es un superpoder?

Si te crees todo lo que se dice por ahí sobre Silicon Valley, pensarás que todos usan chaquetas Patagonia, pueden programar con solo una mano y son genios. Yo no logré eso de ser genio en los negocios ni de programar de manera virtuosa, pero:

- Puedo iniciar muchos proyectos sin pensarlo demasiado.
- Puedo comer una cantidad extraordinaria de tacos.

Oy vey, como dicen los judíos, o "¡Qué exasperación!".

Durante mucho tiempo, esta situación me pareció demasiado injusta, pero a medida que fui madurando y empecé a tener cierto éxito, personas de todo tipo empezaron a buscarme para pedirme asesoría en los negocios, aunque, para ser franco, nunca pensé que lo que hacía era valioso.

Naturalmente, no llegaron a preguntarme cómo comenzar, o al menos no de manera consciente. Las personas que se acercaban a mí siempre compartían sus sueños de emprender un negocio y expresaban su odio por sus empleos, su anhelo de libertad o su sensación de estar atrapados. El problema era que en casi todos los casos sucedía lo mismo: no habían dado el primer paso.

Hasta ahora comprendo las dimensiones de este obstáculo y cuánto le puede cambiar la vida a alguien el concepto del hábito "**ahora, no cómo**".

¿Por qué digo que puede cambiar la vida?

Cuando la mayoría de la gente decide que quiere empezar un negocio, su primer impulso suele ser aprender más, es decir, leer un libro, tomar un curso y buscar asesoría. Y solo al final, tras haber considerado todos los hechos e información, decide actuar.

Después de todo, existen numerosos programas de alto nivel en administración de empresas, cursos en Udemy que cuestan diez dólares, tutoriales en YouTube y libros sobre la actividad empresarial. Así que, ¿por qué no aprovechar todos estos recursos?

Lo más probable es que sea muchísimo más seguro y disminuya tus probabilidades de fracasar, ¿cierto?

Te equivocas.

Pensar demasiado parece ser la manera más inteligente, pero en realidad es la menos eficaz. La gente súper exitosa hace justo lo contrario: primero actúa, obtiene retroalimentación y aprende de ella. Este tipo de aprendizaje es un millón de veces más valioso que cualquier libro o curso, ¡y también más rápido!

- **La mayoría de la gente:** Piensa demasiado antes de actuar.
- **Todos los empresarios exitosos:** Actúan primero y averiguan cómo proceder después.

Cualquier análisis antes de actuar es mera especulación. En realidad, uno no comprende nada hasta que no lo ha hecho, así que, en lugar de intentar planear todo para darte confianza, solo actúa.

¿Pero cómo podemos fomentar este hábito que no nos resulta natural?

Usa el lema **"ahora, no cómo".**

CONSEJO PROFESIONAL: La próxima vez que te encuentres pensando demasiado y no actúes, recuérdate a ti mismo que debes privilegiar la acción y actuar ahora, en lugar de preocuparte por cómo hacerlo. Después de que hayas hecho esto una vez, obtendrás el impulso necesario y te será cada vez más fácil y natural actuar.

A lo largo del día, todos los días, me presiono a mí mismo y a las personas que me rodean a vivir en el presente y actuar con el hábito de "ahora, no cómo". Cuando quiero llevar a cabo un proyecto y este tiene una versión que puedo realizar en cuestión de minutos, solo me lanzo. Te daré un ejemplo:

Hace poco, una agencia de publicidad estaba presentando a nuestro equipo de AppSumo una nueva campaña publicitaria en Facebook. Tras pensar en el concepto "ahora, no cómo", prometieron enviarnos un email con el resumen de todo lo que necesitaríamos para comenzar, como establecer contraseñas, añadir a la agencia a nuestra cuenta de Facebook, generar el contenido necesario, etcétera.

—No, no, no —exclamé—. Hagámoslo todo ahora mismo —dije, y eso hicimos. Nos tomó cinco minutos y nos ahorramos 24 horas de espera.

Sé que el negociador que hay en ti estará diciendo: "Eso suena genial, pero mi idea necesita más tiempo". ¡Detente! El poder solo surge cuando implementas de manera sistemática el concepto de «ahora, no cómo" en todo lo que haces. Así que deja de negociar contigo mismo y solo sé el tipo de persona que actúa. Repite conmigo: **ahora, no cómo.**

DESAFÍO

El desafío "ahora, no cómo"

Pídele una idea de negocios a alguien que respetes.

Esta es una manera rápida de obtener una idea de negocios. La aplicarás para ti y te darás cuenta de la importancia de comenzar ahora.

Comprenderás que actuar en el momento te hace sentir genial contigo mismo y genera un impulso hacia tu vida soñada.

Incluso te daré un guion para que elimines al escéptico que hay en ti. No te tomará más de dos minutos, pero te ayudará a encender tu primera chispa. Y la segunda y la tercera... Así que escribe en un correo electrónico lo siguiente... ¡No, espera! Mejor aún: usa un mensaje de texto, que es más rápido, y envíaselo a algún amigo o amiga. ¡Ahora!

Hola [nombre de pila], estoy tratando de compilar una lista de ideas de negocios.

Tú me conoces bastante bien, por eso quería preguntarte, ¿en qué tipo de negocio crees que sería bueno?

No tengas miedo de actuar. Ten miedo de vivir una vida que parezca más un *curriculum vitae* que una aventura.

Te aseguro que poner en marcha nuevos proyectos y superar tus miedos hará que tu vida parezca mágica. ¿Pensaste que este libro se limitaba a explicar cómo construir un gran y atractivo negocio? Claro que trata de eso, pero también sobre cómo aprovechar la actividad empresarial para renovar y reinventar tu vida.

La cifra de la libertad te permitirá hacer todo lo que desees

Descubrí que la forma más eficaz de encontrar motivación en las primeras etapas es fijar una meta clara de ingresos mensuales.

Yo nunca tuve la esperanza de cambiar el mundo ni el sueño de convertirme en un mega multimillonario. Tampoco me fijé objetivos audaces, los cuales, de todas formas, suenan complicados. Mi sueño era alcanzar la libertad.

Para hacer este sueño realidad, lo primero que necesitas es elegir tu cifra de la libertad.

Desde que cumplí 18 años hasta que llegué a los 30, mi cifra de la libertad fue de 3000 dólares. ¿Por qué 3000 dólares? Porque, después de calcular lo que pagaba de renta, el costo de los tacos, filetes y vino que me gustaba comer y beber, más los boletos de avión que me permitirían trabajar desde Argentina, Corea o Tailandia, llegué a una cantidad ligeramente inferior a 3 000 dólares mensuales. En ese tiempo, a eso ascendían mis gastos. *Grosso modo*, 1 000 dólares eran para la renta, 1 000 para alimentos y viajes, y 1 000 para ahorrar e invertir.

MI CIFRA DE LA LIBERTAD: $3 000	
Actividades	Cantidad
Alojamiento	$1 000
Alimentos y viajes	$1 000
Ahorros e inversión	$1 000
Total (cifra de la libertad)	$3 000

Calculé que podría trabajar desde cualquier lugar con gente que me agradara, durante un periodo prolongado por 3 000 dólares al mes, sin tener que hacer nunca nada que no quisiera. Dicho de otra forma, por 3 000 dólares mensuales podría obtener mi libertad.

Durante mucho tiempo mantuve la misma cifra, aunque me parecía un tanto extraño, como si fuera una especie de truco que usaba en mis veintitantos para engañarme y sentirme mejor con lo poco que había logrado. Sin embargo, hace algunos años, cuando le compartí este concepto a un empresario exitoso con quien estaba conversando, de pronto dijo:

—¡Madre santa! No puede ser, ¡mi cifra era 1 500 dólares!

Resulta que muchos empresarios que conozco usaron el mismo truco en algún momento. Algunos establecen una cifra más modesta, digamos 100 dólares. Esta cantidad implica que han ganado un ingreso adicional para pagar una cena agradable y sentirse un poco empoderados. Para otros, cuya libertad exige cubrir una pensión alimenticia o una hipoteca, la cifra de la libertad es más elevada. Lo interesante es que, en todos los casos, nuestra cifra revela la historia que nos contamos a nosotros mismos sobre por qué fijarnos una meta sencilla pero clara nos permite tener éxito y cómo lo logramos.

¿Por qué es tan eficaz este truquito de establecer una cifra de ingresos mensuales recurrentes?

En primer lugar, porque es factible. En ese entonces, yo no lo sabía, pero mi idea de la **cifra de la libertad** daba en el blanco; contenía los ingredientes precisos para motivar a cualquiera con inclinaciones a comenzar proyectos de manera serial. Mi cifra era 100% asequible y el valor que yo le asignaba por lograrla, es decir, ¡la libertad!, era infinito. Esta correlación era tan motivadora que siempre me imbuía confianza y me servía de ancla en tiempos de incertidumbre.

En segundo lugar, la cifra es concreta y urgente. Es decir, 3 000 dólares no son un sueño que siempre puedes posponer para mañana, como "alcanzar un valor neto de 20 millones de dólares para cuando tenga cuarenta años". Es una cifra mensual en la que puedes empezar a trabajar ahora mismo. Y, mejor aún, puede ser una cifra bastante modesta. Podrías plantearte algo como: "Quiero conservar mi empleo actual por el momento, pero me gustaría generar 500 dólares mensuales por mi cuenta". Es igual de válido. Mis negocios alternativos siempre representaban cifras bajas, pero me servían como una práctica vital que me ayudó a entrenar los músculos que produjeron las chispas necesarias y que, con el tiempo, me permitió renunciar a mi trabajo.

Por último, mi meta tenía adosada una cifra muy específica, lo que centró mi atención en lo que importaba en los negocios, es decir, en las actividades que más podrían ayudarme a conseguir clientes. **A muchas personas les cuesta demasiado trabajo ganar su primer dólar porque, más bien, se enfocan en cómo ganar su primer millón.** Enfocarte en una cifra de la libertad asequible o, incluso mejor, en una cifra de un solo dólar, cambiará tu forma de pensar: ¿qué puedes hacer en tu negocio para generar dinero esta semana? ¿Hoy? ¿Ahora mismo?

Tal vez no necesites un gran propósito para comenzar, pero si cuentas con uno, ¡genial! Sin embargo, si no te comprometes con algo específico, todo te distraerá. La cifra de la libertad nos ayuda a no perdernos en la abstracción o la complejidad, nos recuerda que la mecánica de los negocios es sencilla.

DESAFÍO

Elige tu cifra de la libertad

Empieza por fijar un objetivo de ingresos mensuales a corto plazo, es decir, tu cifra de la libertad. Elige una cantidad que no te asuste. Escríbela en tu diario y aquí, en el libro, junto a estas palabras.

Mi cifra de la libertad es:

____

____

Este capítulo se puede resumir en una oración: *La gente exitosa solo comienza.*

Te aseguro que tú eres, tienes y sabes más que suficiente para empezar.

CAPÍTULO 2

La ilimitada ventaja de pedir

GANA LA MEDALLA DE ORO EN RECHAZOS

Esa tarde, cuando mi papá y yo entramos a la décima tienda de la localidad, sentí una tensión en mis músculos y un escalofrío recorrió todo el cuerpo. Él acababa de solicitar hablar con el gerente y, cuando este llegó, comenzó a hablar en un pésimo inglés y con un acento israelí tan espeso como el humus. Sonaba idéntico a Arnold Schwarzenegger.

—No comprendo —dijo con entusiasmo y una estruendosa voz cuando tuvo al dueño de la tienda frente a él—. Usted vive en mejor ciudad del mundo, tiene negocio más grande del sector, pero suya copiadora muy mala. ¿Por qué? Debo ayudar. Mire, yo dar mucho mejor, ¡puedo mostrar!

El dueño rechazó el ofrecimiento de mi padre. Y así siguieron otros rechazos, uno tras otro. Enjuague y repita, como dicen. Todos. Los. Malditos. Días.

Pero después de algún tiempo, como sucede de forma inevitable, llegó un éxito bien merecido. Fue glorioso. ¡Mi padre vendió dos copiadoras en un mismo día!

—¡Vamos a celebrar y comer burritos! —exclamó. Poco después, mientras nos sentábamos a cenar, me preguntó—: ¿Por qué te ves tan triste, Noah?

Aunque debí seguir eufórico y exudando adrenalina tras el glorioso día de mi padre, sentí que algo no andaba bien. A pesar de su éxito, el proceso que nos llevó ahí me parecía desmoralizante e inútil.

Negué con la cabeza.

—¿Tantos "no"? "No, no, no, no" todo el día. ¿No te dan ganas de rendirte? —pregunté.

Y mi padre me respondió de una manera que cambiaría mi vida:

—¡Son rechazos amorosos! ¡Colecciónalos como si fueran tesoros! Establece una meta de rechazos. Yo me fijé una meta de 100 rechazos por semana porque, si trabajas así de duro y obtienes tantos "no", mi pequeño Noah'le, entre ellos también encontrarás algunos "sí".

Tal vez por eso eligió este nombre para mí: "NO"-ah, para recordarme esto todos los días y animarme a seguir adelante.

¡¿Rechazos amorosos?! **¡¿Establecer una meta de rechazos?!**

Mi padre reestructuró el rechazo y lo convirtió en un aspecto deseable que lo reconfortaba cuando le respondían con un "no". Me dijo que mi objetivo debía ser el rechazo. De repente, comprendí por qué él nunca tenía miedo de pedirle nada a nadie y por qué insistía en ser rechazado 100 veces por semana: porque la ventaja de pedir es ilimitada y la desventaja, mínima.

¡Y tenía razón!

—¿Qué es lo peor que puede suceder? —me preguntaba cada vez que yo hacía muecas cuando alguien lo rechazaba o le negaba algo—. Dijeron que no. ¡A quién le importa! La ventaja de vender es ilimitada.

Preguntar o pedir no es tan intimidante si te conduce hacia donde quieres ir. El truco más importante en ventas, el que te permite alcanzar tus sueños, no tiene nada que ver con encontrar la manera perfecta de pedir algo, sino con reconocer el poder intrínseco del acto mismo de pedir. Te daré un ejemplo: ¡Kyle MacDonald transformó un clip rojo en una casa al solicitar intercambios progresivamente más valiosos 14 veces!

En ese momento, todo cobró sentido y comencé a ver a mi papá como una especie de genio. Era un individuo que no había estudiado una maestría en administración de empresas, no tenía entrenamiento en ventas, nunca leyó libros de autoayuda, no hablaba bien inglés... En fin, era un inmigrante sin nada, pero siempre con un gran fajo de billetes en el bolsillo. Si lo hubieras dejado en cualquier lugar con una semana de plazo, él se las habría arreglado.

¿Cómo es posible que mi papá, quien pudo perder todo por culpa de una adicción a las drogas, lo haya logrado? El secreto de la maestría con que mi padre podía vender en un idioma que difícilmente hablaba se encierra en una palabra: *chutzpah*. Es una palabra en yiddish que significa agallas, osadía, audacia; es una manera de abordar la vida con bastante descaro. Cuando los israelíes dicen que tienes *chutzpah*, quieren decir que sabes lo que quieres y vas tras ello. Quieren decir que tu tenacidad es infinita y que harás lo que sea necesario.

Mi mamá sabía esto muy bien. Siempre me decía: "El motor que rechina es al que le ponen gasolina", y digamos que también me enseñó a rechinar. Estoy hablando de una mujer que intentó devolver un juego de cubiertos de plata que había recibido como regalo de bodas 30 años antes, solo para ver si lo lograba. Así que, por supuesto, mi mamá también tenía algo de *chutzpah*.

Esta habilidad —tener *chutzpah* y pedir lo que quieres a pesar del miedo— es la cualidad que más necesita el emprendedor. La cuestión es que la mayoría de la gente no pide lo que quiere, solo desea, "sugiere", da indicios o espera. Sin embargo, hay un hecho muy simple respecto a los negocios: solo pidiendo puedes obtener lo que quieres. ¿No pides? No consigues. Esto aplica en todos los aspectos de la vida. Te lo aseguro, en todos.

La habilidad para pedir es la razón por la que tantos inmigrantes e hijos de inmigrantes prosperan en los negocios. Al igual que mi padre, ellos no se detienen ante las consecuencias sociales de acciones no convencionales simplemente porque desconocen las restricciones implícitas. Por eso pueden ser ingenuos y pedir lo que sea, lo cual es un superpoder en los negocios.

No obstante, no comprenderás realmente este poder hasta que lo pongas en práctica. Yo tuve la suerte de experimentar con él desde que estaba en cuarto grado, solo unos meses después de que mi padre me ofreciera el consejo que me cambió la vida. Un día, encontré uno de esos catálogos de revistas que enviaban a los niños para que vendieran suscripciones con descuento de puerta en puerta, como un año entero de *Mecánica Popular* por ocho dólares.

Vi que la empresa prometía una fiesta de pizza al niño que vendiera más revistas. Eso captó mi atención porque, como todo niño regordete, adoraba la pizza. Por eso me lancé a la calle.

Fui de puerta en puerta por todo San José con mis abombados shorts JNCO, con una irresistible oferta de suscripciones a revistas. Solo señalaba las que más me gustaban y le pedía a la gente que comprara una.

Me dijeron "no" muchas veces, pero ¿sabes qué? Poco a poco, ¡comenzaron a decir que sí, uno tras otro!

Aquel éxito fue embriagador para el Noah de cuarto grado. Mis calificaciones eran mediocres y no destacaba en los deportes, pero gané el desafío de la fiesta de pizza de las revistas por una apabullante diferencia.

¡Yeeeey! ¡Pizza!

Conseguir dinero no es cuestión de obtenerlo literalmente. Es cuestión de recibirlo, lo cual solo puede suceder si lo pides.

A partir de ese momento, me convertí en una máquina de pedir, y es una habilidad que me ha generado más éxito que cualquier otra estrategia. Por eso, en este capítulo, aprenderás a enfrentar el miedo al rechazo que le impide a la mayoría de la gente desarrollar ese músculo tan esencial para pedir.

Desarrolla tu músculo del pedir

Aceptar el riesgo, el miedo y el rechazo te da el poder de transformar tu vida. Es así de simple. He ayudado a más de 10 000 personas a través de mi curso de negocios Monthly1K y así descubrí que lo que más le impide a la gente tener éxito en los negocios no es la falta de una estrategia, sino la reticencia cuando se trata de pedir.

Conseguir dinero no es cuestión de obtenerlo literalmente. Es cuestión de recibirlo, lo cual solo puede suceder si lo pides.

La ilusión del dolor que relacionas con asumir el riesgo —la idea de que serás juzgado, parecerás tonto o no funcionará— actúa como una camisa de fuerza para tu potencial. Lo primero que necesitas hacer para desarrollar la habilidad que cambiará tu manera de jugar y te permitirá comenzar tu negocio de un millón de dólares y rediseñar tu vida es quitarte esa camisa de fuerza y dar un paso hacia la incertidumbre que sentirás la primera vez que pidas algo.

Permíteme insistir porque esto es esencial: desarrollar con la mayor intención tu músculo del pedir es un requisito para conseguir el éxito empresarial. El asunto, claro, es saber cómo lo harás.

Ahora bien, no soy superhumano. Ya sé lo que estás pensando: "Seguro Noah no le tiene miedo al rechazo". Pues bien, no es así; me aterra correr el riesgo de ser rechazado y, si sucede, me da tristeza. Todos los días siento el aguijón del rechazo, pero gracias a eso, tengo éxito.

Hace apenas unos meses, estaba en el proceso de contratar a un diseñador. Envié correos electrónicos en frío —y esto no es broma— entre seis y ocho horas al día. Básicamente, me rechazaban todo el día.

Créeme, sentía como si estuviera atrapado en un bar, donde todas las mujeres a las que me acercaba se reían en mi cara y se alejaban.

Recibí un correo electrónico de un diseñador asombroso al que estaba tratando de contratar. Su respuesta fue tan brusca que me dieron ganas de llorar: "Ja, ja, ja. ¿De verdad crees que dejaría Google para trabajar en tu empresa de mierda?".

Eso dolió. Y siempre dolerá.

Entonces, ¿cómo supero el miedo y la tristeza?

Para empezar, algo que hago con frecuencia es recordarme a mí mismo que eventualmente moriré y que nada de esto importa. Hablo en serio. Además de eso, me pregunto: ¿alguna de esas personas vendría a mi funeral? No, ¿verdad? ¿Entonces? Esta es una manera bastante eficaz de disminuir el impacto del rechazo en mis emociones.

Luego me recuerdo a mí mismo las **metas de rechazo**: "Esto va a ser horrible —me digo—, así que voy a fijarme como meta recibir por lo menos 25 rechazos". Este enfoque me ayuda a aceptar que seré rechazado y me sirve para verlo más como un juego en lugar de tomarlo como un golpe a mi autoestima. De hecho, me he entrenado para relacionar cualquier desafío con el crecimiento y jugar con aquel viejo truco que mi papá usaba para lidiar con el rechazo.

Pero mi padre no fue el único que preparó a su hijo para el éxito de esta manera. Cuando era niña, el padre de Sara Blakely, fundadora de Spanx, les preguntaba todas las noches a ella y a su hermano: "¿En qué fracasaron esta semana?".

Sara afirma que este condicionamiento temprano para aceptar el fracaso le ayudó a persistir a lo largo de siete años, durante los cuales sufrió humillaciones diarias cuando vendía máquinas de fax de puerta en puerta. También le permitió resistir después de que casi todas las fábricas de medias en Estados Unidos se negaron a manufacturar su primer producto. Finalmente, pudo persistir a pesar de la interminable letanía de "no" que tuvo que enfrentar antes de hacer una llamada en frío y convencer a un comprador de Neiman Marcus en Dallas para que distribuyera en sus tiendas varios pares de medias moldeadoras que ella había diseñado.

Una persona promedio se rinde después de enfrentar un rechazo, pero Sara no era una persona común, y a los 41 años se convirtió en la mujer multimillonaria más joven de Estados Unidos.

Estoy seguro de que mi padre apreciaría la cantidad de veces que Sara enfrentó el rechazo. Recuerda que podrías estar a 11 rechazos de ganar tu primer millón, pero si te detienes en el décimo, fracasarás.

El truco consiste en desensibilizarte al dolor. ¿Cómo? Exponiéndote de forma repetida a él. Ábrele los brazos a la incomodidad, búscala todo el tiempo y úsala como si fuera tu brújula.

Siempre pide

¿Qué tipo de persona inicia un negocio de un millón de dólares?

- El tipo de persona que pide lo que quiere.
- Si quieres un nuevo empleo en otra empresa, tienes que PEDIRLO.
- Si quieres que tu jefe te dé más dinero, tienes que PEDIRLE un aumento.
- Si quieres vender algo, tienes que PEDIRLE al cliente que lo compre.
- Incluso en casa, si quieres que tu cónyuge o tus hijos te traten mejor, tienes que PEDIRLO.

Todo lo que implique una aventura de crecimiento, rentabilidad y plenitud requerirá que estés dispuesto a pedir una y otra vez. No importa si se trata de una red de apoyo, de ventas prósperas, de empleados comprometidos o de un equilibrio sano entre el trabajo y la vida personal.

Te daré algunos consejos para empezar:

CONSEJO PROFESIONAL: Sé persistente. Quiero que sepas que, con el tiempo, casi todo "no" que te digan pueden convertirse en un "sí". La persistencia te mostrará que la mayoría de los "no" en realidad son un "no por el momento".

Cuando estudiaba en la preparatoria, soñaba con trabajar en Microsoft. Era lo que más deseaba en el mundo. Por eso, en mi primer año en UC Berkeley, cuando conocí en el campus a una reclutadora que buscaba desarrolladores, le dije: "No soy ingeniero, pero estoy en el área de negocios. ¿Hay algún tipo de pasantía que podría realizar para trabajar en Microsoft durante el verano?".

Me dijo que no, pero yo continué preguntando. Rechiné, rechiné y rechiné, y después del decimosegundo intento, cedió. "De hecho, tenemos una pasantía para gente del área de negocios". No sé si crearon la pasantía para mí o no, pero me gusta pensar que así fue. Mi insistencia me condujo a un almuerzo en la casa de Bill Gates, pero esta es una historia que contaré en otra ocasión.

CONSEJO PROFESIONAL: ¡Haz seguimiento! ¡Haz seguimiento! ¡Haz seguimiento! Los estudios muestran que, si al principio te dicen que no, pero decides dar seguimiento, la segunda vez que pidas algo tendrás el doble de probabilidades de obtener un "sí".

En AppSumo.com, casi el 50% de las ventas son producto de nuestros correos electrónicos de seguimiento. Piensa en ello. Es un excelente ejemplo de que el seguimiento es tan importante como tu primer punto de acercamiento. Da seguimiento a lo que en verdad te importa. Yo uso followup.cc. para el correo electrónico, pero con frecuencia también recurro a Siri para recordar que debo insistir. También puedes usar la función de Snooze en Google, ¡o solo apúntalo!

CONSEJO PROFESIONAL: Vender es ayudar. Si crees que tu producto o servicio mejorará la vida de tus clientes, las ventas solo serán parte de tu educación. Estarás ayudando a la gente. Reestructurar la idea de vender/pedir y considerar que en realidad se trata de ayudar, hace que tus servicios de consultoría o lavado de ventanas, e incluso tu venta de deliciosas galletas, se vuelvan emocionantes. Una vez que hayas aceptado esa verdad, pedir se volverá muchísimo más sencillo y se sentirá como un regalo colectivo en lugar de un deseo egoísta.

> Si crees que tu producto o servicio puede satisfacer una verdadera necesidad, tienes la obligación moral de venderlo.
>
> —ZIG ZIGLAR

En UC Berkeley, fundé HFG Consulting, una empresa dedicada a asesorar a negocios locales sobre cómo hacer marketing dirigido a estudiantes universitarios. Detecté un par de problemas. Por un lado, noté que muchos estudiantes de primer año no tenían pasantías, por lo que supuse que estarían felices de tener la oportunidad de trabajar para mí. Y, por el otro, a muchas empresas locales les costaba trabajo vender sus productos y servicios a los estudiantes.

Armamos un pequeño ejército de veinte personas que harían consultoría. Entonces, un día, mi pasante Kenny sugirió que hiciéramos una tarjeta de descuento para estudiantes.

Lo primero que pensé fue: "Vaya, ¿en serio?". Esto se debió a que hay cinco negocios típicos dirigidos a estudiantes: vender tarjetas de descuento, tarjetas de crédito, camisetas, tutorías y cualquier cosa relacionada con las bebidas alcohólicas. De hecho, las tarjetas de descuento representan el negocio más común entre universitarios, pero también en el que siempre fracasan.

De acuerdo con la sabiduría tradicional, no deberíamos ni intentarlo. La mayoría de la gente habría aceptado la realidad, pero crecer con mi padre, aquel loco vendedor, me enseñó que debía cuestionar la sabiduría tradicional. Mi padre me enseñó que siempre debía probar todo por mí mismo.

En resumen, supuse que no me costaría un centavo ni mucho tiempo ver si a los negocios locales les interesaría participar, así que hablé con Kenny en ese instante.

—Ven, vamos a la ciudad a preguntarles a algunos dueños de negocios si estarían dispuestos a participar y ofrecer descuentos —le dije.

—¿Quieres decir... ahora mismo? O sea, ¿solo salir a la calle y preguntarle a quienquiera que encontremos?

Y en mi cabeza apareció un gran globo de diálogo que decía: "¡ahora, no cómo!".

—¡Sí! ¡Ahora! —respondí.

Fuimos de negocio en negocio.

—Esto permitirá que el nombre de su negocio se dé a conocer entre cientos, si no es que miles, de estudiantes —le explicamos a la gente. Es decir, solo hablamos de la manera en que les ayudarían las tarjetas a hacer publicidad.

Como a los negocios locales siempre les da gusto conseguir más clientes gratis, no tardamos en conseguir que 20 negocios firmaran. Esperábamos que con eso bastara para atraer a los estudiantes y convencerlos de pagar 10 dólares por cada tarjeta que a nosotros solo nos costaba 50 centavos imprimir.

Descubrimos que la mejor manera de vender las tarjetas de descuento era ofreciéndolas a grupos de estudiantes y fraternidades como si fueran herramientas de recolección de fondos. Ayudamos a otros a ganar dinero y dividimos las ganancias de las tarjetas de 10 dólares en partes iguales. Una vez más, solo teníamos que explicarle a la gente cuáles eran los beneficios de usarlas.

En poco tiempo, nos extendimos a varios campus, ya sabes: lava, enjuaga y repite. De esta manera, generamos 50 000 dólares en un año. Nada mal para unos pasantes de primer año, ¿cierto?

Ahora es tu turno.

DESAFÍO

El desafío del café

Visita cualquier cafetería o comercio en persona. Realiza una compra y solicita un descuento del 10%. No digas nada más, el objetivo es hacerte sentir incómodo. Comprométete a hacerlo hoy.

Todas las personas que completan este desafío siempre publican en redes sociales lo benéfico que fue para su vida. Quiero que te suceda lo mismo.

Podrías pensar que solicitar un descuento en un café no es significativo; sin embargo, hay quienes lo hicieron y han comentado sobre el sorprendente poder de este desafío en incontables horas de podcast, entradas de blog e hilos de Twitter. El impacto es innegable.

—Ay, será muy fácil —dijo mi hermano Seth cuando entramos a la panadería Panera Bread.

—Un club sándwich y una botella de agua, por favor —dijo y luego...—. Ah, disculpe, señorita. Cree que… cree que me… podría… dar un 10% de descuento en esta orden? —preguntó, Seth.

El lugar se quedó en silencio. Parecía que la luz solo iluminaba a mi hermano y a la cajera.

—No creo que podamos hacer eso, lo siento —respondió ella.

—De acuerdo, gracias —dijo Seth.

Y entonces nos dispusimos a llevar nuestros alimentos a la mesa.

Lo asombroso fue que mi hermano pensó que sería fácil, pero lo más importante es que lo intentó y después se sintió orgulloso de sí mismo.

Esta es la herramienta más poderosa que he visto para mejorar tu músculo del pedir, y he visto a más de 10 000 personas hacerlo.

Este es el guion que puedes usar:

TÚ: Hola, ¿cómo está?

ELLOS: Bien, gracias. ¿En qué le puedo servir?

TÚ: Quisiera un latte de vainilla con leche descremada [mi bebida preferida, o sustitúyela con la tuya].

ELLOS: Por supuesto. Son 3 dólares con 50 centavos.

TÚ: ¿Me podría hacer un descuento del 10%? [Esta es la clave: di la frase con claridad y sonriendo, pero no agregues nada más.]

ELLOS: ¿Debido a qué?

TÚ: Estoy tomando un curso de negocios y esta es una de las tareas. :)

Muchos de ustedes tratarán de dar una excusa para no realizar este desafío. "¡Ay, es demasiado elemental! No quiero ser ese tipo de persona". "No quiero poner al barista en una situación incómoda". "He realizado ventas durante cinco años".

Ese es el punto del desafío: practicar el pedir (y que te nieguen algo) en lugar de convencerte de no hacerlo. Lo peor que podría suceder es en verdad muy trivial. ¿El barista te dice que no y te mira raro? ¿La gente detrás de ti pone los ojos en blanco? Aunque solo experimentes una leve incomodidad, ¡la verdadera ventaja es que fortalece tu autoconfianza y te demuestra que eres capaz de lograr mucho más de lo que imaginas!

Estas son algunas de las personas que realizaron el desafío del café y sus resultados:

- Dieter S.: "Me sentí muchísimo más confiado al enfrentar el rechazo. Me empoderó y me permitió pedir dinero para patrocinar mi negocio alternativo de ciclismo".
- Jennifer Jones: "Fue aterrador, no tenía ganas de hacerlo, pero lo hice y crecí. Seré franca, ¡soy súper tímida! Así que enfrentar desafíos que me sacan de mi zona de confort me ha ayudado en todos los aspectos de mi vida y me ha permitido convertirme en una mejor persona en general".

- Jason Blake: "No solo aprendí que el rechazo no te mata, también aprendí a disfrutar la posibilidad de salir de mi zona de confort".

¡Solo hazlo! No lo pienses demasiado, solo actúa. Pide un 10% de descuento en tu café. He visto la emoción que genera enfrentar estos desafíos en las personas que lo han hecho: el valor que te aporta y cómo te ayuda a alcanzar tus metas de rechazo y a desbloquear el potencial ilimitado de pedir.

Pedir es un músculo y este desafío es el gimnasio. Aprender a pedir es como hacerte un hábito nuevo. Empieza de a poco y ve aumentando de manera gradual. La mejor forma de superar el miedo a largo plazo es mediante juegos de rechazo, pero a corto plazo.

Recuerda: este desafío está diseñado para que te digan que no, el objetivo es experimentar el fracaso y superarlo. Una vez que empieces a enfrentar varios rechazos, te darás cuenta de que no es tan malo como pensabas. Este paso es fundamental para crear tu negocio de un millón de dólares.

Disfruta del miedo. ¡Pide!

Acabo de hablarte de la importancia de pedir. Ahora...

Necesito tu ayuda para poner mi libro en manos de la gente que más lo necesita.

Si este libro te ha sido útil, ¿podrías tomarte 30 segundos para dejar una reseña breve?

Recuerda por qué decidiste tomar este libro y darle una oportunidad. Tal vez fue porque una reseña de cinco estrellas en Amazon o Goodreads captó tu atención. Deja una reseña y dale a alguien más la oportunidad de empezar su fin de semana millonario.

Antes de empezar a escribir este libro, conocí a Matt, quien trabaja en el área de seguridad del aeropuerto de Austin y tiene el mismo sueño que tú: echar a andar un negocio que le cambie la vida. Sin embargo, es probable que él nunca llegue a enterarse del libro.

Tu reseña será muy importante para mí, pero también podría cambiarle la vida a alguien más, como a Mike.

La reseña no te cuesta nada (mi precio favorito) y solo te toma 30 segundos.

Puedes ir a la página del libro en la aplicación de Amazon o en el sitio web donde lo compraste y dejar tu reseña ahí. Si tienes Kindle u otro tipo de lector electrónico, desplázate hasta la última página del libro. En Audible ve a la página de tu biblioteca y da clic en “Escribir una reseña”.

Por cierto: Yo leo todas las reseñas. Cada vez que hay una nueva, se activa una alarma en mi oficina, mi mamá me avisa y todo nuestro equipo celebra como si acabáramos de ganar el Supertazón.

Ahora volvamos a tu fin de semana millonario.

—Los quiero por siempre,

NOAH

SEGUNDA PARTE

CONSTRÚYELO

Comienza tu negocio con el proceso para ser millonario en un fin de semana

En los dos primeros capítulos cubrimos los hábitos elementales que se convertirán en tu combustible emprendedor: el interminable círculo de comenzar y la ilimitada ventaja de pedir.

Ya es viernes y tu fin de semana millonario está a punto de comenzar. En los siguientes tres capítulos, es decir, en las próximas 48 horas, ejecutarás el sencillo pero eficaz proceso de tres pasos para la experimentación emprendedora, que se convertirá en el motor para crear tu negocio soñado:

- **Encontrar ideas de un millón de dólares.** Cómo encontrar ideas de negocios rentables.
- **El modelo de negocio de un minuto.** Cómo verificar si esas oportunidades pueden convertirse en negocios de un millón de dólares o más.
- **El desafío del dinero en 48 horas.** Cómo poner a prueba las oportunidades sin gastar tiempo ni dinero.

Todo lo anterior conformará un método confiable para generar ideas de negocios promisorias que conduzcan a emprendimientos rentables en solo un fin de semana.

¡Lancémonos de lleno! Aquí es donde actuar te dará recompensas.

CAPÍTULO 3

Encuentra ideas de un millón de dólares

EJERCICIOS SENCILLOS PARA GENERAR IDEAS DE NEGOCIOS RENTABLES

Yo no veía deportes ni apostaba, pero sabía detectar tendencias. Los deportes de fantasía estaban creciendo en popularidad y también la costumbre de apostar, por eso mis socios de aquel tiempo y yo decidimos diseñar un sitio de apuestas deportivas de fantasía: BetArcade. Teníamos una gran cantidad de jugadores de estos deportes en nuestra aplicación de Facebook y pensamos que podríamos dirigirlo hacia un sitio de apuestas. Dinero fácil.

Después de seis meses de pagarles unos 100 000 dólares a programadores para diseñar el sitio, sin mencionar los 10 000 adicionales que necesitamos para que los abogados nos confirmaran que las apuestas en línea eran legales, dimos a conocer el sitio. Era hermoso, tenía gráficos asombrosos y funcionaba de maravilla.

Pero nadie vino. Solo se escuchó a los grillitos cantar.

En ese momento nos encontramos realmente estancados y el dinero se nos empezó a acabar. Luego, caímos en bancarrota y tocamos fondo. Fue entonces que mi desesperación me hizo reflexionar:

¿Cuál era nuestro mayor problema? ¿Los otros tenían el mismo problema? ¿Había una solución? ¿Podríamos diseñarla en poco tiempo?

Nos quejábamos de forma constante de lo mucho que nos cobraba OfferPal, el proveedor de pagos para nuestros exitosos juegos. Nos cobraba el 50% por cada transacción e ignoraba todas nuestras sugerencias de mejora. Francamente, nos desagradaba bastante.

—¿Sabes? Podríamos ofrecerle a la gente mejores márgenes si lo hiciéramos nosotros mismos —le dije a Andrew, mi socio de negocios.

Así que empecé a preguntar. Llamé enseguida a algunos amigos que tenían juegos en Facebook para preguntarles si cambiarían a otro software de pago si les ofreciera comisiones más bajas. Resultó ser una venta fácil.

En un fin de semana, armamos una versión beta del sitio y en menos de dos semanas ya teníamos en funcionamiento un servicio llamado Gambit. Logramos que nuestros amigos ganaran un 20% más de dinero debido a las comisiones reducidas y porque escuchábamos sus necesidades. En el primer año, terminamos generando más de 15 millones de dólares en ingresos brutos. Fue una locura.

Después del fracaso de BetArcade, el éxito inmediato de nuestro negocio de pagos, producto de un momento de desesperación, nos forzó a tomar en cuenta una de las lecciones más importantes de la creación de negocios: **construir un negocio sin antes verificar que habrá clientes dispuestos a pagar es letal.**

Los clientes quieren soluciones, no ideas

A los clientes no les interesan tus ideas, lo que les importa es que puedas resolver sus problemas. Además, no deberías transformar tu idea en un negocio si no tienes certeza absoluta de que se trata de una solución por la que los clientes pagarán.

Créeme, yo lo he hecho. Después de que Disney acordó en una conversación utilizar una versión expandida de nuestro software de pago para sus juegos de mesa en línea ("Por supuesto que nos gustaría algo así", dijeron), me sentí tan seguro de mi brillante idea que empecé a diseñarlo.

Construir un negocio sin antes verificar que habrá clientes dispuestos a pagar es letal.

El problema fue que, seis meses y 100 000 dólares gastados después, vieron lo que les entregamos y argumentaron que, aunque era genial, no lo necesitaban de inmediato y empezaron a ignorarme y a no responder mis correos.

Por eso, en lo que se refiere a ideas de negocios, los clientes son primero. Antes que el producto o servicio. Incluso antes que la idea. **Para construir un negocio, necesitas a alguien a quien venderle.**

No puedo decirte cuántas veces he recibido correos electrónicos en los que me preguntan: "¿Qué piensas de esta idea de negocios?".

Mi respuesta automática siempre es: "¿Ya le preguntaste al cliente qué opina?".

Steve Jobs solía decir: "Tienes que empezar por la experiencia del cliente y trabajar hacia atrás a partir de ahí".

Jeff Bezos también insiste en que, para generar ideas y decidir cuáles desarrollar, todos en Amazon deben priorizar la estrategia de "primero el cliente" al abordar proyectos. El primero de sus 16 principios de liderazgo se llama "obsesión por el cliente" (*customer obsession*) y dice lo siguiente: "Los líderes empiezan por el cliente y trabajan hacia atrás a partir de ahí".

Trabajar hacia atrás prioriza el acceso a un grupo de clientes (un grupo al que tal vez pertenezcas) y se enfoca en un aspecto de la vida del cliente que no funciona.

Si lo haces de esta manera, asegurarás la inclusión de los tres elementos esenciales de un negocio desde el principio:

- **A quién** le venderás.
- **Qué** problema resolverás.
- **Dónde** encontrarás a los clientes.

Tus objetivos en este capítulo serán usar la estrategia **el cliente es primero**, definir los tres mercados que se volverán tu blanco y usar tu conocimiento y experiencia de dichos mercados para generar diversas ideas. Luego elegirás las tres que consideres con mayor potencial de éxito.

Este es el primero de los tres pasos del proceso para ser millonario en un fin de semana, el cual te enseñará a vender ideas a un pequeño grupo de adoptantes en una etapa temprana antes de haber diseñado el producto (o gastado un centavo). Esto te permitirá verificar que, en efecto, existe un mercado dispuesto a pagar. Repite, actúa rápido y sin gastar, y continúa hasta dar en el clavo.

Experimenta, experimenta, experimenta y ¡bum!

Comienza con lo que sabes o "cómo hice 100 millones de dólares diseñando *Groupon for Geeks*"

Hace 10 años, cuando lancé AppSumo, era un emprendedor independiente que vivía en el sótano de un departamento ubicado en el vecindario Haight-Ashbury, en San Francisco. De día era asesor de un sitio de citas en línea llamado SpeedDate. Por las noches, me devanaba los sesos en busca de ideas de negocios.

El problema era que había acumulado una serie de negocios con largos procesos de ventas difíciles de negociar, como el de los pagos para juegos de mesa en línea, y que mi empresa era un producto. Yo quería ascender en la cadena de valor y llegar a un lugar donde la gente no pudiera vivir sin mi producto. El problema que más me interesaba resolver era cómo obtener más clientes. A todos los empresarios les interesa tener más clientes. Yo no quería hacer otro negocio con un producto que fuera *agradable tener*, como las vitaminas, sino que fuera *indispensable tener*, como los analgésicos. Y obtener más clientes es la *necesidad* más esencial en los negocios.

Una noche estaba pensando en una empresa llamada MacHeist, que ofrecía paquetes de software de Mac con grandes descuentos. Para los usuarios de Mac era una excelente forma de obtener varias aplicaciones útiles por un precio muy bajo.

Y aunque me encanta la idea de comprar algo a un precio económico, no podía dejar de pensar en cómo MacHeist había resuelto el problema de proporcionar clientes a las empresas.

Cada vez que MacHeist hacía un paquete de software y lo vendía, les resolvía una *necesidad* a esas empresas, les proveía clientes. A cambio, las empresas hacían todo lo que estaba en sus manos para hacer marketing, publicar en blogs y asegurarse de que el paquete de MacHeist fuera un éxito.

¿Podría yo hacer lo mismo que MacHeist, pero con software que no fuera de Mac?

CONSEJO PROFESIONAL: Busca algo que funcione en una categoría y aplícalo en otra. Uno de los mayores impulsores de la lista de correos electrónicos de AppSumo fueron los regalos; sin embargo, solo nos dimos cuenta de que esto nos podría funcionar hasta que vimos un sitio de moda femenina que lo hacía y decidimos probarlo. Inscríbete y observa empresas fuera de tu mercado objetivo para obtener inspiración.

Como emprendedor, he tenido que depender de diversas aplicaciones web innovadoras, como Mailchimp (para boletines informativos), Dropbox (para almacenamiento de archivos) y FreshBooks (para contabilidad). En el caso del software basado en la red, no importaba qué tipo de computadora usaras, siempre y cuando contaras con una conexión a internet.

Me di cuenta de que nadie ofrecía paquetes de software que no fueran de Mac. ¡Al menos no todavía! Por eso me emocionó muchísimo la idea de conseguir mis herramientas preferidas con descuento. Había otros fundadores de startups como yo, ¡montones, de hecho! Ahora solo tenía que descubrir la verdad: ¿la gente me pagaría por esto o no?

CONSEJO PROFESIONAL: Cuando tengas dudas, resuelve tus propios problemas. Si estás dispuesto a pagar por una solución, lo más probable es que otros también quieran hacerlo. Y si no, al menos habrás hecho feliz a un cliente: tú mismo.

Siempre he sido muy activo en Reddit y creo que entiendo muy bien cómo funciona la comunidad. Desde el principio supe lo que les agradaba a los usuarios o Redditors y cómo interactuaban en el sitio. Me enfoqué en trabajar de adelante hacia atrás y me concentré en algo que los Redditors adoran: compartir imágenes. En ese tiempo, cada vez más personas dependían del sitio Imgur para guardar sus imágenes de memes virales.

Noté que casi todas las imágenes mostradas en la página principal de Reddit estaban guardadas en Imgur y cualquiera podía usar el sitio de forma gratuita, pero Imgur ofrecía un nivel de suscripción *pro*. Entonces me pregunté: ¿los Redditors me pagarían si les ofreciera ese mismo nivel *pro*, pero con un descuento?

Recurrí a mi mentor de mis días en Facebook, Dough Hirsch, quien más adelante fundaría GoodRX. Le pregunté qué pensaba de mi idea y me dijo que no funcionaría, pues consideraba que no había suficiente software para que el negocio fuera viable a largo plazo.

No permitas que otros te disuadan o impidan descubrir la verdad. La única opinión que importa es la de tu cliente. Como emprendedor que utiliza el concepto "el cliente es primero", tu tarea consiste en escuchar el problema que ellos necesitan resolver, encontrar una solución para ese problema específico y averiguar si pagarán por ella. Solo los clientes, nadie más.

Al comprender esto, me lancé de lleno a la fase de validación del fin de semana millonario.

Usé el músculo del pedir y le envié un correo electrónico al fundador de Imgur, Alan Schaaf, quien resultó ser un estudiante universitario en Ohio. Le pregunté si me permitiría ofrecer suscripciones *pro* con descuento y si me pagaría por las ventas generadas.

Este es el mensaje que le envié por correo electrónico:

ASUNTO: Promoción de Imgur en Reddit
PARA: Alan Schaaf
DE: Noah Kagan

Hola, Alan.
Soy un gran admirador de Imgur y me encanta usar tu producto todo el tiempo.

Estamos por lanzar un sitio de ofertas y nos gustaría promocionar la opción Imgur Pro.

Creemos que podemos vender más de 200 para ustedes sin que tengan que pagar ni trabajar.

¿Estarías libre el viernes para platicar en AIM a las 5 pm, Tiempo del Pacífico?
Noah Kagan

Alan aprovechó la idea de inmediato porque, bueno, ¡le prometí dinero a cambio de nada!

Yo había solucionado los tres elementos esenciales de un negocio:

- **A quién** le venderás: ¿encontraste un grupo de clientes potenciales? Sí, la gente en Reddit.
- **Qué** problema resolverás: ¿trabajaste de adelante hacia atrás para encontrar un problema que necesitaban resolver? Sí, acceso a Imgur Pro con descuento.

- **Dónde** encontrarás a los clientes: ¿Llegó el momento de flexionar el músculo del pedir y lanzar la propuesta a algunos Redditors? ¡Aquí vamos!

En ese momento, le envié un correo electrónico directo a Chris Slowe, el ingeniero fundador de Reddit, para invitarlo a desayunar. Después de explicarle lo que planeaba mientras comíamos tocino —a la gente le encanta el tocino—, le pedí publicidad gratuita. No busqué consejos ni descuentos, solo le pedí anuncios gratuitos.

Esto fue lo que escribí en el correo:

ASUNTO: Hola, Chris, soy amigo de Chris Smoak
PARA: Chris Slowe
DE: Noah Kagan

Hola, Chris.
Hablé hace poco con Chris Smoak, quien te manda saludos. Me FASCINA lo que has logrado construir en Reddit. ¡Soy un usuario fanático!

Me gustaría invitarte a desayunar a Pork Store Café para darte algunas sugerencias sobre el sitio y hablarte de una increíble promoción en la que estoy trabajando con Imgur.

¿Estás libre este miércoles a las 9:00 a. m.?
Sería épico,
Noah Kagan

Obtén un año de Imgur pro.

"¿Por qué no? —contestó Chris—. A nuestros usuarios les encanta Imgur. Estarán fascinados por obtener un descuento".

Ahora bien, diseñar un sitio completamente funcional para ofrecer los descuentos costaría dinero y tiempo, así que aquí es donde la situación se puso interesante:

Encontré a un desarrollador de Pakistán que cobraba 12 dólares por hora para que añadiera un botón de PayPal a una página de internet. Eso implicó cuatro horas de trabajo y el resto lo hice por mi cuenta.

Tiempo total para construir AppSumo.com: 48 horas.

Costo total para construir AppSumo.com: 50 dólares.

En ese momento, no tenía idea de si el negocio funcionaría. Mi objetivo era concentrarme en lo único que importaba: ¿la gente pagaría por software con descuento? Si no lo hacía, la mínima inversión me permitiría avanzar rápidamente al siguiente experimento sin mayores complicaciones.

Mis anuncios promocionando el sitio web que acababa de construir fueron publicados en Reddit y, ¡diablos!, la primera venta se produjo en cuestión de minutos.

El primer dólar siempre es el más dulce. Es impulso. Es posibilidad. Es como patear al miedo en el trasero.

CONSEJO PROFESIONAL: Enfócate en ir de cero a un dólar. Obtén ese primer dólar. Eso generará tu impulso y fortalecerá tu fe en lo que estás trabajando. Todas las empresas que he echado a andar han comenzado con un solo cliente. El crecimiento viene después.

Antes de darme cuenta, ya había vendido las 200 licencias que me fijé como meta.

¿Quién imaginaría que esto conduciría a la creación de una empresa que generaría más de 65 millones de dólares 10 años después?

No se requiere un plan de negocios

Tal vez ya conoces el concepto de producto mínimo viable, o MVP, por sus siglas en inglés. En lugar de intentar crear algo perfecto y luego revelarlo como lo hacía Steve Jobs en Macworld, puedes diseñar la versión más simple posible de lo que vas a ofrecer y empezar a venderla de inmediato. De esta forma, en lugar de continuar refinando tu producto de manera infinita en un vacío, usarás la retroalimentación de clientes reales para evolucionar gradualmente hacia un producto que la gente querrá comprar en el mundo real sin lugar a duda.

El producto mínimo viable es una idea importante, pero no contempla un elemento esencial: los clientes. ¿A quién le venderás tu producto mínimo viable? ¿Qué pasará si no quieren el mínimo? ¿Y si solo están dispuestos a probar productos ofrecidos por empresas consolidadas con marcas reconocidas? Te deseo buena suerte si insistes en seguir actualizando tu producto mínimo viable sin una base de clientes sólida.

El problema con el producto mínimo viable y otras estrategias empresariales antiguas es que nos obsesionamos tanto con lo que queremos lograr que perdemos de vista a la gente que desea el producto o servicio.

A esto lo llamo la mentalidad de "el fundador es primero". Es una estrategia donde, en lugar de aceptar el concepto "el cliente es

primero", los emprendedores se enfocan en su propia experiencia: "¡Yeeey, quiero construir algo!".

Estrategia antigua: Te enfocas en planificar el modelo de negocios y te obsesionas con el producto.

Estrategia moderna: Te enfocas en la conversación con los clientes, en un intercambio dinámico de ideas que te ayudará a reformular tu producto de acuerdo con lo que el cliente desea antes de proceder a cualquier otra acción o inversión.

Te daré otro ejemplo para asegurarme de que estoy siendo claro.

Digamos que tienes en mente una aplicación para pasear perros. ¿Cómo llevarías a cabo el proyecto? Estos son los pasos del proceso que usaría la mayoría de la gente, es decir, la mayoría de los aspirantes a emprendedores:

1. Pasar horas en casa pensando en la aplicación y buscándole nombres ingeniosos.
2. Contratar a su primo y pagarle 100 dólares para que diseñe un logo genial.
3. Crear una empresa de responsabilidad limitada.
4. Ver en YouTube videos sobre aplicaciones, programación, negocios… y perritos.
5. Reflexionar sobre inscribirse o no en un curso intensivo para desarrolladores y darse cuenta en pocos minutos de que programar no es tan sencillo.
6. Comprar el nombre del dominio para el vistoso sitio web que van a construir.
7. Buscar en Upwork a un desarrollador, contratarlo y darse cuenta enseguida de que el costo de sus honorarios es exorbitante.
8. Rendirse. Una vez más.

¿Te suenan familiares estas etapas? Es porque se trata de la estrategia "el fundador es primero".

Ahora vamos a usar la estrategia "el cliente es primero" para explorar nuestra idea de una aplicación para pasear perros:

1. Llamar por teléfono o enviar un mensaje de texto a tres personas que tengan perro y preguntarles si te pagarían por pasearlo.
2. Descubrir que ninguna de estas tres personas tiene problemas para pasear a su perro, pero lo que sí encuentran complicado es encontrar cuidadores cuando viajan.
3. Pedir las fechas de su próximo viaje y lograr que te hagan un depósito. Recibir el pago: ¡lotería!

En muy poco tiempo, descubriste que la verdadera oportunidad se encontraba en cuidar perros durante la ausencia de sus dueños, no en pasearlos. Ahora tienes clientes reales dispuestos a pagarte por resolver un problema real, con un flujo de ingresos real, antes de escribir un solo renglón para desarrollar un sitio web o contratar a un profesional independiente.

Esta misma estructura se puede aplicar en cualquier industria o sector.

En Sumo.com estábamos teniendo problemas para extender nuestra lista de correo electrónico. Contactamos a clientes potenciales, como Tim Ferriss y Pat Flynn, y resultó que a ellos también se les dificultaba. En cuanto convencimos a algunos clientes de inscribirse en la lista, construimos una serie de herramientas para recopilar direcciones de correos electrónicos para nosotros y para ellos.

Otro ejemplo es Jennifer Jones, una maestra de primaria en Dallas que participó en mi curso Monthly1K. Como a todos les gustaban las galletas de Jennifer, ella decidió publicar en Facebook que ofrecería canastas de galletas para las fiestas de fin de año. ¿Alguien estaría interesado? Resultó que sí, y mucho. Ahora tiene un negocio de venta de galletas que le genera 1 000 dólares mensuales.

La publicación que hizo Jennifer en Facebook para ver si había interesados.

Cualquier persona que tenga una habilidad similar —pasteles caseros encurtidos, velas, lo que sea— puede enviar un correo electrónico a sus amigos, familiares, compañeros de trabajo y miembros de su iglesia para preguntar si les interesaría comprar el producto en cuestión. Incluye un enlace de PayPal y luego envía a tus clientes todos los pedidos que recibas.

Voilà, tienes un proyecto de negocios con cero riesgos. Sin contrataciones, sin sitio web, sin escuela de gastronomía, sin cocina profesional. Todo eso lo puedes hacer después, de ser necesario. Por ahora, solo usa el dinero que obtengas para comprar suficientes ingredientes para cubrir las órdenes, hornea esos pasteles, colócalos en sus cajas y entrégalos.

Como pudiste ver en estos ejemplos, lanzar un proyecto no depende de tener un plan de negocios perfecto, sino de dialogar con los clientes potenciales para averiguar qué les entusiasma y por qué estarían dispuestos a pagarte.

Pero ¿en dónde encuentras a esos clientes?

Y ahora, ¿dónde encuentras a los clientes?

Muy a menudo, cuando los emprendedores novatos buscan oportunidades, van más allá de su **zona de influencia** porque piensan que la acción está sucediendo en algún otro lugar, en otra ubicación o industria. En cambio, los empresarios avezados casi siempre encuentran y generan oportunidades en el contexto de quiénes son, lo que saben y, en particular, a quién conocen.

En los ejemplos anteriores, el proceso de validación del negocio comenzó con clientes potenciales en la órbita del emprendedor. Es decir, gente real con nombre, tribus a las que perteneces o te interesan, y que casi siempre ya están organizadas en línea. Son personas a las que sabes cómo contactar de inmediato.

Aunque rara vez se menciona en las historias oficiales de sus orígenes, las empresas más grandes del mundo, incluidas las aplicaciones virales que ahora valen miles de millones de dólares, empezaron a través de redes personales y conexiones humanas genuinas.

Mark Zuckerberg empezó Facebook un fin de semana y envió correos electrónicos a algunos amigos para invitarlos a usarlo. La primera versión salió bien, lo que permitió su validación. Microsoft comenzó porque Bill Gates diseñó un software para un individuo en Albuquerque; es decir, primero tuvo un cliente.

Al principio, los fundadores deberían enfocarse en contactar a sus amigos, sus antiguos colegas y sus comunidades.

Tal vez pienses que tu negocio es único, pero créeme, no lo es. Todos los negocios exitosos pueden empezar de esta manera.

Por ejemplo, Anahita adora a sus perros y quería bocadillos más saludables para ellos. Empezó llevando sus premios y bocadillos orgánicos hechos en casa al parque local donde muchos paseaban a sus mascotas.

Antes de que se te ocurra elegir una idea de negocios, asegúrate de tener acceso directo a las personas a quienes deseas ayudar. Una estrategia sencilla es identificar un entorno que te permita conectar con un grupo específico que de verdad quieras ayudar, el cual se convertirá en tu blanco. Por ejemplo, nuevas mamás en Austin, ciclistas, escritores freelance y gente adicta a los tacos, ¡como yo!

DESAFÍO

Tres grupos principales

Escribe una lista de los tres grupos en los que te enfocarás.

¿Quiénes son las personas a las que te emocionaría ayudar y con las que tienes fácil acceso? Pueden ser tus vecinos, colegas, amigos de la iglesia, compañeros del club de golf, amigos con quienes cocinas, etcétera.

Entre mejor comprendas a tu grupo objetivo, más fácil te será hablar con sus integrantes, y entre más puedas dialogar de manera específica sobre sus problemas, más fácil te será venderles o probar tus productos con ellos.

Nota que este proceso prioriza la comunicación con la gente en dos pasos. En primer lugar, tomas la primera versión de tu solución y la muestras a los clientes, y, en segundo, entablas conversación con ellos para definir la mejor manera de adaptar tu solución a sus necesidades, es decir, mediante preguntas. **¡La creación de un negocio siempre debe involucrar una conversación!**

Nuestro primer impulso casi siempre es obsesionarnos con nuestra idea, investigar mucho más o construir el producto perfecto a través de una vía solitaria, esto es, tomar cualquier medida que nos evite la incomodidad de pedir dinero. Mi sistema, en cambio, es un atajo hacia la validación. Tienes que aprender a luchar contra el impulso de mantenerte aislado. No será fácil, pero valdrá la pena.

Conviértete en un buscador de problemas

Los mejores emprendedores son los más insatisfechos. Siempre están pensando en cómo hacer mejoras.

Tus frustraciones y las frustraciones de los demás son oportunidades de negocios.

Las grandes ideas surgen al buscar problemas. Analiza qué te causa frustración en la vida diaria. Piensa en lo que te molesta en el hogar, lo que te hace perder tiempo cuando te transportas al trabajo o cuando trabajas en línea.

A continuación, te compartiré una lista de lo que a mí me molesta:

- Cómo preparar un desayuno rápido, saludable y rico en cafeína.
- Cómo encontrar a una persona confiable que haga el aseo en mi casa.
- Dónde ir a cenar con mi pareja.
- Cómo encontrar a mi próximo terapeuta.
- Qué tipo de inversión puedo realizar con un poco de dinero extra que recibí.

Estos son solo problemas en los que pensé hoy. La lista podría continuar y continuar… ¡Ese es el punto!

La cantidad de aspectos susceptibles de mejora es infinita, lo cual es una mina de oro para los emprendedores novatos. **El primer paso crucial hacia el emprendimiento consiste en estudiar tu propia infelicidad y pensar en soluciones (también conocidas como oportunidades de negocio) que puedas vender.**

Mira este correo electrónico que mi amigo Boris Korsunsky envió cuando estaba validando un servicio de chef privado, ¡a pesar de que ni siquiera sabe cocinar!

ASUNTO: ¡Para ayudarte y ayudarme con la comida!

Hola, amigos.

Me he dado cuenta de que siempre estoy tan ocupado que no tengo tiempo para cocinar comida de calidad. :(

Quisiera invitar a algunos de mis amigos cercanos a probar una idea de negocios conmigo.

Ustedes están en la lista de los pocos afortunados. :)

Comidas convenientes y caseras.

El 9 de febrero, por 20 dólares, un chef privado nos cocinará y entregará comida de una manera muy práctica y deliciosa.

Si les interesa este servicio, por favor envíen 20 dólares a la cuenta de PayPal.

Estoy abierto a todo tipo de sugerencias y comentarios.

Saludos,

Boris

P. D.: Por favor, háganme saber si tienen alguna restricción alimentaria o preferencia en particular. ¡¡¡Les prometo que será una cena deliciosa!!!

Boris logró más de cinco ventas con este correo electrónico y así nació una oportunidad de negocios. ¿Notaste que presentó su proyecto como una forma de ayudar a resolver el problema de gente que, como él, no tenía tiempo para cocinar? Qué chico tan listo, ese Boris.

Yo fundé AppSumo porque no encontraba descuentos competitivos en las mejores aplicaciones de negocios. Nuestro equipo construyó SumoMe porque necesitábamos una herramienta para expandir nuestra lista de correo electrónico, y lanzamos TidyCal.com porque estábamos cansados de las suscripciones mensuales de la competencia. Y aún hay más.

Los demás negocios que construí fueron producto de la frustración: no encontrar en el área de la Bahía una buena comunidad con la cual hablar respecto a redes sociales (CommunityNext); que no existiera un buen servicio de pagos de apuestas para juegos de mesa en línea (Gambit); o no conseguir pesas para el gimnasio de mi casa durante la pandemia de covid-19.

Resolver mis propios problemas me permitió construir un negocio que hoy genera 65 millones de dólares al año. A pesar de que se siente bien mencionarlo, no lo estoy diciendo para presumir, sino para recordarte cuán simple pero eficaz puede ser este proceso que tú también puedes llevar a cabo.

Los generadores de ideas

Ahora, expandamos la red y comencemos a generar ideas... Espera, ¡quise decir identificar problemas!

El proceso para generar una idea de negocio de un millón de dólares no tiene nada que ver con las siguientes acciones:

- Meterse a TikTok o YouTube y copiar sin criterio lo que los *influencers* afirman que funciona.
- Quedarse atrapado en la visión perfecta de un nuevo producto genial.
- Meditar, seguir tu pasión y hacer lluvia de ideas.
- Seguir cualquier otro método mágico que prometa enviarte inspiración en una caja.

Las etapas del verdadero proceso se establecen con estas preguntas:

1. ¿Cuál es el problema más doloroso (es decir, valioso) que podrías resolver para la gente?
2. ¿Es un problema que también te apasiona y que podrías resolver gracias a tu experiencia y conocimiento inigualables?
3. ¿Lo podrías resolver para el nicho más extenso posible, nicho al que perteneces y que comprendes bien?

Aunque es simple, requiere un poco de trabajo mental ligero y divertido.

Recuerda enfocarte en tu zona de influencia, en tu comunidad existente: en los 150 seguidores que tienes en TikTok, en el grupo local de aficionados a los tacos que cuenta con 200 integrantes, en el grupo de WhatsApp del club de ciclismo de montaña que cuenta con 300 miembros (sin mencionar a las 143 000 personas del *subreddit r/mountainbiking*). Tu tarea como buscador de problemas consiste en acercarte a una comunidad a la que ya pertenezcas.

En MillionDollarWeekend.com, tienes acceso a todos los desafíos de ideas y a más ejemplos.

Llegó tu turno. Usa los siguientes cuatro desafíos para producir por lo menos diez ideas con potencial de rentabilidad.

1. Resuelve tus propios problemas

Piensa en el emprendedor Shane Heath, quien adoraba el café, pero detestaba que lo pusiera ansioso y agitado. Todos a su alrededor decían: "Yo también quiero disminuir el consumo de café". ¡Pero nadie dejaba de consumirlo porque no había una mejor opción!

Entonces, Shane viajó a la India, donde descubrió el masala chai. Le fascinó su excelente sabor y el suave efecto de la cafeína que proporcionaba, sin causar los nervios ni los temblores típicos del café.

Shane inventó el Mud/Wtr, que es un remplazo de café con masala chai y contiene otros ingredientes benéficos para la salud.

Cuando caminaba con su taza de Mud, la gente siempre le preguntaba qué bebía, así que se le ocurrió preparar un poco de su bebida para sus amigos y quedaron encantados.

¡Resolver ese pequeño problema personal ahora le produce más de 60 millones de dólares al año!

Cuando tratas de detectar problemas con intencionalidad, tarde o temprano tu mente empieza a hacerlo de forma automática. En mi caso, se ha convertido en un juego rentable.

¿Sigues estancado? Aquí tienes cuatro preguntas que te pueden ayudar a comenzar:

1. ¿Qué me irritó esta mañana?
2. ¿Qué tarea lleva más de una semana en mi lista de pendientes?
3. ¿En qué suelo equivocarme con frecuencia?
4. ¿Qué artículo quise comprar hace poco y descubrí que nadie lo fabrica?

Yo ya me hice el hábito de mantener un cuaderno a la mano para anotar todo lo que me molesta. Estas son tres de mis más recientes oportunidades de negocio:

Encuéntrame una X

Cómo se me ocurrió: pasé muchísimo tiempo tratando de comprar un automóvil, casi un año. ¡Lo sé, es demasiado! Hice mi investigación en internet, visité concesionarios, hice pruebas de manejo, etcétera. En fin, habría pagado una buena cantidad a alguien para que escuchara mis opiniones y preferencias, hiciera la investigación, conversara con los vendedores por mí y me entregara un breve documento con las tres mejores opciones.

Idea: puedes elegir un sector en el que la gente te indique sus requisitos y tú encuentres lo que busca.

Diseño de interiores económico y a distancia para jóvenes solteros

Cómo se me ocurrió: hasta que cumplí 30 años, nunca tuve mi propio apartamento. Por eso mis muebles siempre han sido una extraña colección de artículos de IKEA. Es muy sencillo tener un apartamento sofisticado cuando tienes dinero, pero es un desafío, aunque no imposible, si el presupuesto es ajustado.

Idea: el diseño de interiores es para gente rica. Este negocio podría ser mucho más sencillo y económico: envío a alguien una fotografía de mi departamento, le doy mis preferencias y el diseñador me arma una página de Pinterest con sugerencias.

Casamentero de amigos o actividades

Cómo se me ocurrió: me encanta practicar surf de remo e ir al gimnasio, pero mis amigos no siempre están disponibles para acompañarme.

Idea: Meetup es bueno para los grupos, pero sería genial que una persona o sitio web me pusiera en contacto con individuos que quisieran acompañarme en estas actividades. Últimamente, me han dado ganas de conocer a gente nueva que desee acompañarme en las actividades que hago. El sitio web o servicio sería similar a Meetup, pero no grupal, sino individual.

DESAFÍO

Resuelve tus propios problemas

Usa las preguntas anteriores para encontrar tres ideas. Escríbelas en tu diario de fin de semana millonario o aquí, en el libro.

____

____

____

____

____

____

2. Los más vendidos son tus mejores amigos

¿Qué productos ya están vendiendo un demonial? iPads, iPhones, etcétera. En resumen, aquí funcionaría cualquier producto que encuentres en la lista de los más vendidos (bestsellers) de Amazon.

¿Cómo podrías personalizar el producto (por ejemplo, calcomanías para iPhone)? ¿O qué servicio podrías venderles a quienes compran el producto (como enseñar a alguien a usar el iPhone)?

Es más fácil venderle a un grupo numeroso que ya invirtió dinero en un producto o servicio. Aquí tienes algunas ideas:

1. Personalizar tenis de Nike.
2. Crear tutoriales para aprender a jugar un videojuego de Xbox.
3. Enseñar a novatos en informática cómo usar una MacBook.

DESAFÍO

Los más vendidos son tus mejores amigos

Escribe en tu diario del fin de semana millonario, o aquí, en el libro, dos ideas para añadir accesorios o complementar un producto.

____

____

____

____

____

____

P. D.: Si este método no te inspira a tener ideas gloriosas, no te preocupes, recuerda que solo es un ejercicio. Aquí, todo es válido. Tienes mi bendición para escribir todas las ideas malas, locas e insensatas que se te ocurran. No te censures. No pienses: "¿Pero cómo podría funcionar eso?". Solo anota todas las ideas que te vengan a la mente, ya las filtraremos más adelante.

3. Mercados

Una de mis técnicas preferidas para encontrar ideas es estudiar los mercados de trabajo donde las personas están intentando gastar dinero. Tus clientes potenciales ya andan por ahí, en todos lados, pidiendo soluciones y preguntando en foros públicos, como en páginas de mensajes, publicaciones de Facebook, tuits, grupos religiosos, etcétera.

Mercados como Craigslist, Etsy o Facebook tienen millones de personas cada día que están dispuestas a pagar para que les resuelvan algún problema. Busca en Craigslist las solicitudes frecuentes de personas que de manera activa quieren pagar a cambio de un servicio en particular.

Revisa listados completos en eBay. Esto te permitirá ver qué tan bien se están vendiendo ciertos productos. Además, es una manera sencilla de medir los precios de venta de los productos y ponderar el porcentaje general del mercado que recibe las ofertas.

BUSCA EMPLEOS

☆ Asistente de nana
03-07 $20 por hora

¡Ni siquiera tienes que cuidar a los niños! Solo prepara bocadillos, planea actividades y cobra.

☆ Lavar, secar, doblar ropa. Profesional
03-07 $9/por carga de ropa

Los calcetines sucios de una persona le permiten ganar dinero a otra.

☆ Se busca escritor freelance
03-06 $100 por artículo

☆ Trabajo en mercado de granjeros
03-07 $20/hr + propinas

☆ Necesito que alguien construya un muro en mi casa
03-07. Negociable

No tienes que reinventar la rueda. Vuélvete bueno en un oficio y luego sé el mejor de todos.

☆ $100 por noche por permanecer en stand de espectáculo de magia
03-07 $100 por noche, de 8 pm – medianoche.

Enfócate en empleos en áreas específicas poco explotadas. Contrata a otros para que hagan el trabajo y luego divide las ganancias.

Una búsqueda reciente en Craigslist, donde se muestran todas las oportunidades.

DESAFÍO
Mercados

Visita un mercado, como Etsy, Facebook Marketplace, Craigslist o eBay, y escribe por lo menos una idea de producto o servicio en tu diario del fin de semana millonario o aquí en el libro.

4. Preguntas en motores de búsqueda

Es mucho más sencillo vender cuando la gente ya busca lo que ofreces. En Google se realizan 3 mil millones de búsquedas todos los días, lo cual te proporciona una línea directa a las ideas y necesidades de los clientes.

Para acceder a estas ideas, necesitas trabajar de adelante hacia atrás: identifica un problema que la gente necesite resolver (una búsqueda o pregunta) y desarrolla una solución por la que esté dispuesta a pagarte. Si lo haces de la manera correcta, este método es tan efectivo que ahora existen herramientas que escuchan las búsquedas y facilitan el proceso, como AnswerThePublic.com, que localiza las preguntas más frecuentes en Google, sin importar la palabra clave ingresada.

Trata de buscar ciertas preguntas:

"¿Cómo le enseño a mi gato a usar un inodoro?".

"¿Cuáles son los mejores lugares para viajar en familia?".

"¿Dónde puedo rentar una bicicleta en Barcelona?".

Evalúa las preguntas más populares (o la falta de ellas) y ve si eres capaz de crear un producto o servicio para satisfacerlas. Para descubrir qué búsquedas tienen mayor potencial de convertirse en un negocio exitoso, pregúntate: ¿la solución potencial es una vitamina (un elemento deseable) o un analgésico (una necesidad esencial)?

Cuando busco ideas de negocios, también uso Reddit.com como mina de oro. Es una de las plataformas de mensajes más grandes en línea. Ve al subreddit r/SomebodyMakeThis y busca dos áreas que te interesen: ahí, la gente ofrece ideas todo el tiempo.

cómo entreno a mi gato para que

cómo entreno a mi gato para que **use el sanitario**
cómo entreno a mi gato para que **camine con correa**
cómo entreno a mi gato para que **no se suba a la barra de la cocina**
cómo entreno a mi gato para que **deje de morder**
cómo entreno a mi gato para que **participe en terapia gatuna**
cómo entreno a mi gato para que **se siente**
cómo entreno a mi gato para que **no muerda**
cómo entreno a mi gato para que **duerma conmigo**
cómo entreno a mi gato para que **sea un gato de calle**
cómo entreno a mi gato para que **se quede en casa**

Ejemplo de una búsqueda de Google para los amantes de los gatos.

DESAFÍO

Preguntas en motores de búsqueda

Usa preguntas formuladas en motores de búsqueda y en foros de Reddit para encontrar dos ideas. Escríbelas en tu diario del fin de semana millonario o aquí en el libro.

Para este momento, deberías tener una lista de 10 ideas, si no es que más. También puedes usar la idea que le pediste a un amigo en el capítulo 1.

Usa los cuatro desafíos: resuelve tus propios problemas, los más vendidos son tus mejores amigos, mercados y preguntas en motores de búsqueda.

Aquí tienes un espacio para escribir tus 10 ideas:

1. ________________________
2. ________________________
3. ________________________
4. ________________________

5. ______________________________
6. ______________________________
7. ______________________________
8. ______________________________
9. ______________________________
10. ______________________________

Ahora debes elegir las tres mejores de las más de 10 que has generado.

La idea "perfecta" no existe. Por ejemplo, AppSumo comenzó vendiendo paquetes de herramientas de internet y, tres años después, evolucionó hacia la oferta de paquetes personalizados que incluían nuestro propio software y cursos diseñados por nosotros. Tu idea también evolucionará con el tiempo, tal como sucede en todos los negocios.

Esto es lo que deberás hacer ahora: toma tu lista de más de 10 ideas y elimina las que no te entusiasmen.

Si las tres principales te gritan: "¡Yo! ¡Yo! ¡Yo!", terminaste tu labor.

Si no puedes decidirte, elige las que te parezcan más fáciles de implementar y en las que tanto tú como, idealmente, tus clientes estarían encantados de invertir.

¡Eso es todo!

No te preocupes si piensas que tus ideas son muy malas o difíciles de realizar. El verdadero valor radica en aprender a generar, evaluar y validar ideas. En el siguiente capítulo, aprenderás a determinar si tienes una oportunidad de un millón de dólares entre las manos.

CAPÍTULO 4

El modelo de negocios de un minuto

TRANSFORMA TU IDEA EN UNA OPORTUNIDAD MILLONARIA

—¡Perfecto! —dije—. ¡Miren cómo lo hago!

Mis estudiantes del curso Monthly1K estaban preocupados porque ninguno había logrado ganar aún sus primeros 1 000 dólares. Les emocionaba empezar el proceso, pero se acobardaban cuando llegaba el momento de vender el producto.

Yo quería demostrarles que no había motivos para temer.

—Voy a tener una idea y a ganar 1 000 dólares esta semana —les aseguré. Los vi reír y burlarse de mí.

Marco, a quien había identificado como el líder, volteó a verme.

—Noah, en verdad te respetamos —dijo—, pero una semana es mucho tiempo. Suena demasiado fácil para alguien como tú. ¿Por qué no solo 24 horas y nosotros proponemos la idea?

Los demás asintieron.

Solo pude reírme. ¡Qué cojones tenía esta gente!

—De acuerdo —dije—, que empiece el juego.

Así fue como llegamos a un acuerdo: yo podía elegir cualquiera de los negocios que ellos sugirieran, pero no tendría permitido usar mis redes de AppSumo ni las listas de correos electrónicos para promocionarlo. Tendría que hacerlo como cualquier persona que no cuenta con una gran cantidad de seguidores en redes sociales.

Cinco minutos después, surgió la marejada de ideas. Las tres más interesantes que me propusieron fueron limonada, salsa y tiras de carne seca.

Ahora bien, me gusta la limonada.

Y me encanta la salsa.

Pero amo las tiras de carne seca.

Sin embargo, lo más importante era que conocía el mercado de las tiras de carne seca porque en ese tiempo ya gastaba cerca de 50 dólares mensuales en ellas e imaginé que algunos de mis amigos más preocupados por su salud invertían una cantidad similar.

Di por hecho que, como a mí, no les era fácil encontrar distintos sabores y marcas a pesar de las decenas de artesanos de tiras que surgían cada mes para tratar de satisfacer nuestras necesidades. Era muy probable que fuera un mercado multimillonario en crecimiento.

De todas maneras, me sentía nervioso. ¿Sería capaz de generar 1 000 dólares en 24 horas sin usar mis recursos existentes? Admito que sentí mucha presión.

En los siguientes dos capítulos, desglosaré el proceso con las tiras de carne para mostrarte cómo todo lo que te enseñaré me ayudó a crear en un día un negocio que dos años después vendimos por 120 000 dólares. Y si hubiéramos continuado con él, habría llegado a las siete cifras, pero yo quería seguir adelante y continuar experimentando.

En este capítulo, pasarás por un proceso de tres partes para verificar que tu startup tiene el potencial de convertirse en un negocio de un millón de dólares, e incluiré una guía para cambiar el rumbo de tu modelo de negocios, tal como me vi forzado a hacerlo casi al último minuto del experimento con las tiras de carne.

Esto es lo que aprenderás:

1. **"¿Es esta una oportunidad de un millón de dólares?".** Investigarás el mercado para averiguarlo.
2. **"¿Cuál es mi modelo?".** Elaborarás un presupuesto sencillo y tomarás en cuenta ingresos, costo y ganancias. De esta manera sabrás cuántas unidades necesitarás vender y a qué precio para ganar un millón de dólares.
3. **"¿Qué pasa si descubro que no funcionará?".** Cambiarás de rumbo y evolucionarás. Usarás la retroalimentación de tus

clientes para ajustar las variables del negocio, como precio, modelo, oferta, categoría, entre otros, para construir una empresa más grande y mejor.

Recuerda, tus recursos son limitados, así que es esencial impulsar las ideas que percibas con mayor potencial de ganar. Además, si de todas formas vas a trabajar duro, mejor que sea en la opción que te ofrezca mayores beneficios.

Así que piensa en este capítulo como una estrategia para encontrar las ideas ganadoras. De las tres ideas que encontraste en el capítulo anterior, ahora te limitarás a una, la que tenga un modelo de negocios sólido y un mercado con gran potencial de crecimiento.

Paso 1. Encuentra clientes que equivalgan a un millón de dólares

Querido lector, eres un surfista, y el servicio o producto que vendes es tu tabla de surf. El mercado es la ola, que es lo más importante.

Incluso si eres un excelente surfista y tu tabla es de gran calidad, si no tienes una buena ola que montar, de todas formas fracasarás.

Lo ideal sería una ola de maremoto, pero cualquier ola lo bastante alta servirá.

Por otra parte, no creas que para encontrar una gran ola necesitas tener un candente producto tecnológico, pues hay olas increíbles en todos lados. Si te encuentras en medio de un gran mercado mal atendido en el área del cuidado del césped, entonces la jardinería y el paisajismo se convertirán en ese negocio equiparable a la gran ola. ¡Es en serio!.

Piensa, por ejemplo, en Robert Samuel, un profesional en el cuidado de filas en la ciudad de Nueva York. Después de que lo despidieron de su empleo en el área de servicio al cliente en AT&T, notó la locura que causaba cada lanzamiento de un nuevo iPhone. En 2012 publicó un anuncio en Craigslist para averiguar si alguien le pagaría por hacer fila afuera de las tiendas. Cuando recibió 325 dólares por su primera espera de 15 horas, supo que había encontrado una ola que surfear.

Hoy, su negocio Same Ole Line Dudes (SOLD) emplea a 30 chicos y chicas que cobran un mínimo de 50 dólares por hasta dos horas para esperar en la fila y 25 dólares por cada hora adicional. Los chicos se forman para todo, desde los zapatos deportivos de moda hasta el lanzamiento del iPhone más reciente y trámites en el departamento de control de vehículos de California. Robert se lleva a casa 80 000 dólares al año.

Uno de los anuncios de Robert.

Existen innumerables olas que puedes surfear y que no necesariamente involucran tecnología. Codie Sánchez atrajo a más de un millón de seguidores en redes sociales por enseñar a la gente cómo fundar y operar "negocios aburridos", tales como máquinas expendedoras y renta de camionetas.

Una buena ola no depende de tener un negocio de moda, sino de tener clientes. Lo que quiero decir es que tu tarea no consiste en generar demanda por algo que parece emocionante, sino encontrar una demanda existente y satisfacerla.

Si no existe demanda, podrías tener la mejor idea del mundo y aun así no vender ni un solo producto.

No tienes que convencer a la gente de que necesita tu producto. Tampoco tienes que suplicarle que te compre. Lo que tienes que hacer cuando abres un restaurante de tacos es identificar a una multitud hambrienta.

Cada vez que veo mi vida en retrospectiva, me doy cuenta de que una enorme parte de mi éxito se debió a que me involucré en mercados de olas tipo maremoto, es decir, olas enormes, crecientes y con impulso masivo, y por eso les doy prioridad cuando pienso en nuevos negocios.

¿Facebook? Lo adoptó una apabullante cantidad de universitarios y de gente que quería conectarse con otros en línea.

¿Mint? Atendió a un inmenso mercado de gente que quería una herramienta financiera gratuita para ahorrar y producir más dinero.

¿Kickflip? Cuando Facebook y iPhone abrieron sus plataformas y recibieron aplicaciones y juegos, hubo un auge para los desarrolladores de juegos.

¿Gambit? Con el auge de los juegos, todos necesitaban opciones de pago.

Y luego creé AppSumo, justo cuando muchísimos decidieron convertirse en empresarios y necesitaron software para lograrlo.

Cuando fundé AppSumo.com, solo había 20 herramientas de software que podíamos promocionar, pero en los siguientes 10 años explotó el mercado de gente que lo compraba y diseñaba. Eso me facilitó la creación de un negocio con ingresos de 65 millones de dólares.

Para tener un negocio de un millón de dólares, necesitas una oportunidad de un millón de dólares.

Ahora bien, no siempre será sencillo. Muy pocos negocios privados publican sus datos de ventas, pero existen diversas formas de verificar que estás surfeando la ola adecuada.

¿Cuál es la regla?

Para tener un negocio de un millón de dólares, necesitas una oportunidad de un millón de dólares.

Es así de sencillo. La cuestión es, ¿cómo constatas que existe uno?

Con demasiada frecuencia, los aspirantes a emprendedores creen que necesitan montones de hojas de cálculo y extensas investigaciones para averiguarlo, pero todo ello es solo una distracción. Permíteme mostrarte una mejor manera de hacerlo.

Aquí tienes un ejercicio para reconocer una oportunidad de mercado. Digamos que tienes barba o que la tiene un ser querido. El problema es que las barbas dan comezón. Antes de pasar meses perfeccionando el mejor aceite para barba del mundo, averigüemos si en verdad puedes ganar un millón de dólares con esta idea. Veamos si es cierto que aquí hay un negocio.

Para asegurarte de que se trata de una oportunidad de un millón de dólares, deberás hacerte dos preguntas clave:

1. ¿El mercado general está en declive, estancado o en crecimiento? Lo que buscas es que se encuentre estancado o, idealmente, ¡en expansión!
2. ¿Es esta una oportunidad de un millón de dólares? Para averiguarlo, tendremos que conocer el precio de tu producto y el número de clientes potenciales.

Primero, verificaría si hay suficientes clientes que querrían comprar tu aceite para barba. El tamaño del mercado es la variable más importante para entender el potencial de cualquier proyecto.

Yo uso las tendencias de Google (Google Trends) y los anuncios de Facebook (Facebook Ads) para responder a estas preguntas, ya que son excelentes herramientas que me ayudan a evaluar el tamaño y el potencial de crecimiento de mi mercado objetivo.

Es posible que las herramientas cambien, pero la idea es usar las siguientes preguntas para descubrir los datos que muestren la magnitud y el crecimiento de tu mercado:

1. **¿El mercado está creciendo o en declive?** Busca en Google Trends los términos "barba" y "cuidado de barba" y compara su búsqueda de popularidad con términos similares, como "cortes de cabello" o "rasuradoras". Observa cómo ha cambiado la popularidad en los últimos meses y años. Con Google Trends solo estás viendo cómo están las tendencias en las gráficas. Lo ideal es que asciendan y se muevan hacia la derecha.

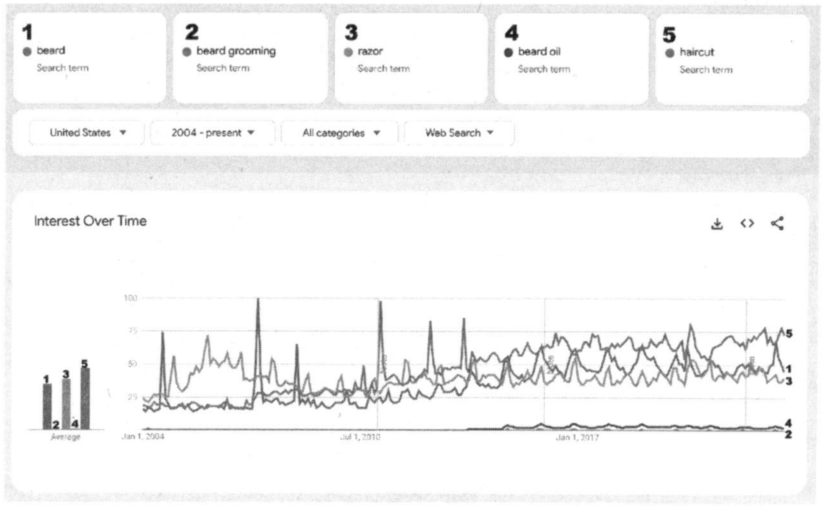

Búsqueda en Google Trends para mostrar el interés en distintos términos relacionados con la barba.

2. **¿Cuántos clientes potenciales hay?** Te recomiendo usar Facebook Ads para investigar el tamaño de tu mercado. Facebook está prácticamente en todo el mundo y lo más increíble es que te permite ingresar la palabra clave de cualquier categoría de negocio que se te ocurra y ver el tamaño aproximado de la audiencia. También puedes usar Facebook Ads Library para visualizar todos los anuncios activos en Facebook relacionados con tu palabra clave y ubicación, lo cual es invaluable para identificar a tus competidores y conseguir ideas para tus propias estrategias de marketing.

Si deseas ver cómo realizo este análisis en video, visita MillionDollarWeekend.com

La búsqueda del término "barbas" revela que entre 16 y 19 millones de personas en Estados Unidos están interesadas en este tema en Facebook. Nada mal, nada mal.

¿Y qué ocurre con "aceite para barba"?

Alrededor de 2.5 millones de personas. ¡Bingo!

Además, puedes usar estas herramientas para enfocarte en ángulos aún más específicos, como otros grupos que consideres oportunos abordar:

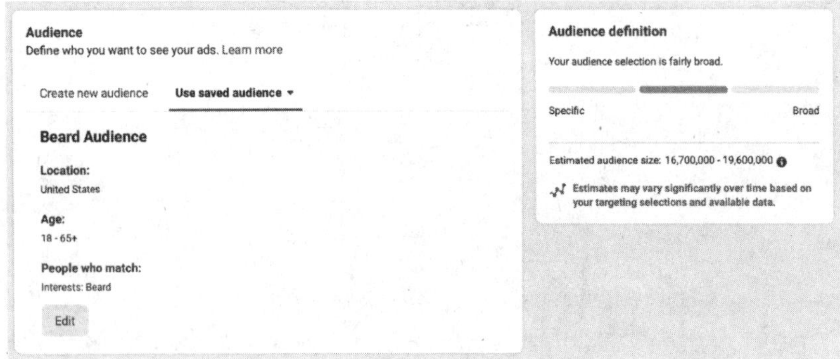

Búsqueda de "barbas" en la sección de blanco o target de Facebook Ads.

- Gente local: personas con barba en ciudades locales.
- Más específico: Ggrupos con intereses particulares, como "vello facial encarnado".
- Con base en la demografía: personas afroamericanas con barba.

Paso 2. ¿Es esta una oportunidad de un millón de dólares?

Cuando inicié mi negocio de tarjetas de descuentos Ninja en UC Berkeley, solo había más de 25 000 estudiantes en el campus y yo confiaba en que podía vender cada tarjeta a 10 dólares. En el mejor escenario, podría ser un negocio de 250 000 dólares solo si todo salía a la perfección. Sin embargo, al considerar la expansión a todos los campus universitarios importantes en California, el mercado alcanzaba un millón de estudiantes. Era claro que podría tener un mercado de un millón de dólares sin problemas.

Estos son los tres pasos que debes seguir:

- Elige un precio que te parezca ideal para tus clientes.
- Multiplica esa cifra por el número ideal de clientes.
- Pregúntate si el resultado es igual a un millón de dólares. ¿Sí o no?

¡Es muy simple!

Ahora, evaluemos estos aspectos en nuestra idea del aceite para barba:

- Google Trends: estable, con cierto crecimiento.
- Tamaño del mercado: 2 500 000 de personas.
- Costo del producto: 50 dólares.
- Valor total: 125 000 000 de dólares.
- ¿Es una idea de un millón de dólares? ¡Sí!

Este es un método súper sencillo para evaluar si tienes una idea de un millón de dólares. Te aseguro que no quieres ser un aspirante a emprendedor que pierde el tiempo calculando ingresos hasta el último céntimo o que se preocupa por el precio óptimo de venta. Aquí solo tratamos de ver lo más rápido posible si tu idea es de un millón de dólares. Veamos otros ejemplos.

Idea: configurar oficinas en casa

- Google Trends: ascenso significativo.
- Tamaño del mercado: 50 000 personas.
- Costo del producto: 500 dólares.
- Valor total: 25 000 000 de dólares.
- ¿Es una idea de un millón de dólares? ¡Sí!

Como diría el gran DJ Khaled: "¡Uno más!". Sin embargo, las ideas no siempre funcionan.

Idea: suscripción mensual para recibir sopa pho vietnamita

- Google Trends: poco interés y sin crecimiento.
- Tamaño del mercado: 1 000 personas.
- Costo del producto: 20 dólares.
- Valor total: 20 000 dólares.
- ¿Es una idea de un millón de dólares? No.

Si te encanta cocinar sopa pho y te interesa distribuirla, lo siento mucho, pero yo no echaría andar un negocio con esta idea porque no veo suficiente demanda. Podría ser un proyecto divertido y apasionante, pero no es un negocio de un millón de dólares.

Te daré cuatro ejemplos para que los compares:

Datos/ Idea de negocios	Establecimiento de oficinas en casa	Suscripción para recibir bebidas sin alcohol	Súper deliciosa sopa pho vietnamita	Impuestos sobre criptomonedas
Google Trends	Ascenso significativo	Ascenso significativo	Ascendiendo	Disparándose al cielo
Tamaño del mercado	50 000	50 000	1 000	50 000
Costo	500 dólares	200 dólares	20 dólares	250 dólares
Oportunidad de mercado	25 000 000 de dólares	10 000 000 de dólares	20 000 dólares	12 000 000 de dólares
¿Vale la pena?	SÍ	SÍ	NO	SÍ

Explora diez ejemplos adicionales de ideas de negocios, explicados paso a paso, en MillionDollarWeekend.com.

Lo único que necesitamos saber es si vale la pena trabajar en una idea específica de negocio. Ahora que lo hemos confirmado, averigüemos con exactitud cómo vas a conseguir tu millón de dólares.

Para hacerlo, usaremos el modelo de negocios de un minuto.

Paso 3. El Modelo de negocios de un minuto

Mucha gente me ha pedido que revise su plan de negocios y siempre doy el mismo consejo: "¡Tu plan es hacer dinero!".

Seamos realistas, no conseguirás el 5% ni el 10% de este mercado, pero ahora veamos lo que necesitarías para generar tu propio millón de dólares en ganancias.

Ingreso – Costo = Ganancia. Estos son los aspectos que determinan si puedes generar tu primer millón de dólares.

Ingreso (todo el dinero que generas) –
Costo (cuánto te cuesta generarlo) =
Ganancia (lo que te llevas a casa)

Esta operación es demasiado elemental, pero ese es el punto. Esto es todo lo que necesitas calcular para evaluar si puedes llegar al millón.

Añadamos algunas cifras para ver cómo funcionan estos cálculos. Retomemos el ejemplo del aceite para barba:

Nuestro aceite para barba se vende por	50 dólares
Costo de fabricación, empaque y envío	37.50 dólares
Ganancia por unidad vendida	**12.50 dólares**

Quizá te preocupen los gastos de publicidad, el precio óptimo, los fabricantes, qué pasará cuando todos tus clientes tengan una barba espléndida... Sí, sí, lo sé. Es tu miedo lo que te hace inquietarte por todos estos detalles. Sin embargo, lo que estamos buscando aquí son cálculos someros. Recuerda que el impulso está de tu lado y que podemos dejar los detalles para después. Por ahora, enfoquémonos en los aspectos generales para descubrir el potencial de tu negocio.

Si puedes obtener 12.50 dólares de ganancias por cada unidad vendida, será fácil calcular cuántas unidades necesitarás vender para obtener un millón. Solo divide tu ganancia objetivo entre la ganancia por unidad:

Ganancia objetivo	1 000 000 de dólares
Ganancia por unidad vendida	12.50 dólares
Total de ventas necesarias	**80 000 unidades**

De acuerdo, es obvio que vender 80 000 unidades suena sumamente difícil, pero considera lo siguiente:

- Esto representa solo la cantidad de gente que vemos a través de Facebook.
- Estamos hablando de un único producto para barbas. Si tuvieras éxito con este aceite, sin problema podrías replicar el proceso varias veces con otros productos de aseo personal.

- Esta es solo la primera venta a estos clientes. Es mucho más fácil venderle a un cliente existente que conseguir nuevos, así que, una vez que hayamos formado una base de clientes decente, podremos introducir más productos para vender.
- Además, es probable que incrementes las ventas al ofrecer suscripciones, lo que aumentará las unidades que cada cliente compra.

A pesar de todo, tras evaluar los cálculos, parece que tenemos en nuestras manos una idea de un millón de dólares. De hecho, estoy convencido de que lo es porque mi buen amigo, fundador de Beardbrand.com, creó una empresa multimillonaria al seguir el enfoque que acabo de describir.

No siempre es tan sencillo. A veces estarás jugando con las cifras y te darás cuenta de que necesitas reflexionar sobre ciertos aspectos del negocio, como me sucedió con las tiras de carne seca.

Acepté el desafío de los estudiantes de mi curso y pasé tres minutos decidiendo si lo llamaría Sumo Jerky porque me prohibieron llamarle noahsjerk.com. Esa noche, en el gimnasio, conversé con mi colega Anton sobre lo sencillo que sería lanzar el negocio a la mañana siguiente.

—Amigo, será pan comido. Las tiras de carne seca son saludables y muy populares —comenté.

Sin embargo, horas después, a medianoche en mi cama, se apoderó de mí una oleada de ansiedad y pensamientos trágicos: “¡Solo tengo 24 horas! Sería muy vergonzoso si fracasara”.

Salté de la cama de inmediato y volví a hacer cuentas. El modelo de negocio de un minuto me salvó el pellejo porque me mostró que necesitaba ajustar mi plan.

Había planeado vender paquetes de tiras para un mes a 20 dólares cada uno, un precio que me parecía razonable y que yo mismo estaría dispuesto a pagar. Sin embargo, después de hacer varias búsquedas en línea, descubrí que podía conseguir tiras a 10 dólares la orden, y que me costaría solo 5 dólares enviar cada una.

1 bolsa de tiras de carne seca	20 dólares
Costo de adquisición, empaque y envío	15 dólares
Ganancia	**5 dólares**

Oh, no… Eso significaba que:

Ganancia objetivo	1 000 dólares
Ganancia por unidad vendida	5 dólares
Total de ventas necesarias	**200 unidades**

¿200 bolsas de tiras de carne en 24 horas? Vaya, ¡eran demasiadas ventas en muy poco tiempo!

En cuanto me di cuenta de que nunca alcanzaría mi meta del negocio Sumo Jerky si solo vendía unidades independientes, regresé al pizarrón. Esta situación me recordó a otros negocios que había iniciado, como mi serie de conferencias CommunityNext.

Cuando trabajaba en el ámbito de las conferencias, empecé vendiendo boletos individuales y funcionó, pero me exigía muchísimo esfuerzo. El sistema me retrasó hasta que pensé: "Ah, puedo generar mucho más dinero si vendo patrocinios de paquetes a empresas, las cuales, a su vez, pueden entregar los boletos a sus empleados o clientes". Eso me llevó a pensar en un sistema equivalente para las tiras de carne seca.

¿Cómo hago tratos más robustos por cada transacción?

¿Qué tal un servicio de suscripción?

Si lograba vender suscripciones, podría reducir de forma drástica la cantidad de ventas que necesitaba hacer. Por ejemplo, si vendiera suscripciones de tres meses, solo necesitaría vender 67. ¿Y si vendiera suscripciones de seis meses? Solo necesitaría vender 33.

También me di cuenta de que si vendía a oficinas que ofrecen bocadillos, sería más fácil encontrar clientes con presupuestos más generosos. Además, supuse que tenía suficientes amigos cercanos empleados en empresas, quienes podrían comprar suscripciones para sus empleados o, por lo menos, referirme a sus gerentes de oficina.

CONSEJO PROFESIONAL: Antes de iniciar un negocio, siempre pregúntate: ¿este producto será una compra de una sola vez? ¿Los clientes lo comprarán de vez en cuando, cada vez que deseen disfrutarlo? ¿O existe la posibilidad de convertirlo en una venta recurrente, tal vez mensual?

Siempre es mejor estar en el negocio de las órdenes recurrentes.

—JOHN PAUL JONES DEJORIA, fundador de Paul Mitchell y Patrón Spirits.

El reloj seguía haciendo tic-tac en mi desafío de 24 horas. ¡Veamos qué sucedió a continuación!

Paso 4. Cambia de dirección y evoluciona: tus marcadores de ingresos o *revenue dials*

Casi todos los negocios exitosos tuvieron que cambiar de dirección o modificar su curso en el camino. Es posible que desde el inicio hayas elegido el mercado incorrecto o que los consumidores solo prefieran ciertos aspectos de tu oferta. La clave radica en mantener los ojos abiertos y estar atento a oportunidades adyacentes.

El método más sencillo que encontré para alcanzar mis metas fue incrementar el valor promedio de la orden a través de la venta de suscripciones a largo plazo a empresas.

Mi modelo de negocio de un minuto se transformó en esto:

Suscripción de seis meses	120 dólares
Costo de producción	60 dólares
Envío	30 dólares
Ganancia	30 dólares

Ahora solo necesitaba hacer 33 ventas para lograrlo (hay que dividir la ganancia objetivo, 1 000 dólares, entre la ganancia por venta, 30 dólares: 1 000÷30).

Al modificar la funcionalidad de los marcadores de ingresos (*revenue dials*), podría lograr que Sumo Jerky funcionara. Estos son los seis marcadores que puedes usar:

1. **Valor promedio del pedido:** Aumenta la cantidad que el cliente compra.
2. **Frecuencia:** Incrementa la frecuencia con la que el cliente comprará tu producto o servicio.
3. **Precio de venta al público:** Aumenta o disminuye tu precio de venta para influir en las ventas totales.
4. **Tipo de cliente:** Dirígete a un segmento de clientes más lucrativo o adinerado.
5. **Líneas de productos:** Añade productos para que el negocio sea más atractivo desde el principio.
6. **Servicios adicionales:** Si vas a vender un producto como galletas, ¿podrías ofrecer un servicio adicional, como organizar fiestas de cumpleaños o cocinar las galletas en la casa del cliente?

Ejemplos de desviaciones en el plan

- AppSumo empezó vendiendo paquetes de software para startups en Silicon Valley, pero evolucionó hacia la venta de paquetes personalizados para agencias de marketing.
- Gambit comenzó haciendo juegos deportivos en Facebook, pero encontró la verdadera oportunidad en los pagos dentro de los juegos.

- Thehustle.co, de Sam Parr, dejó de organizar eventos para enfocarse en el boletín que usaba para promover los eventos. Dato curioso: este negocio de boletines se vendió a HubsSpot por una elevada suma de ocho cifras.

El desafío de la oportunidad del millón de dólares

En el desafío de este capítulo, evaluaremos si tu idea es una oportunidad de un millón de dólares.

¿Qué idea de negocios deberíamos elegir? ¡La primera de tu lista!

Lo difícil no es elegir la idea de negocios, sino conseguir clientes. Por eso, deberás enfocarte en ellos desde el principio.

El verdadero objetivo aquí no es tanto qué idea es la mejor, sino verificar el tamaño del mercado antes de la validación. Si tu idea supera la prueba de la oportunidad del millón de dólares, ¡genial! Avanza al siguiente capítulo.

De no ser así, pasa a la siguiente idea y sométela a la misma prueba. No te obstaculices al obsesionarte con encontrar la idea perfecta.

1. Elige una idea de negocios.
2. Asegúrate de que sea una oportunidad de un millón de dólares.
3. Confirma que tu idea de negocios sea rentable.

Si todavía estás estancado en esta parte y no quieres elegir la primera idea de la lista, entonces comienza con el problema que consideres más divertido de resolver.

La idea que vas a probar: ______________________________

____

Analicemos el tamaño del mercado:

Datos/ Idea de negocios	Establecimiento de oficinas en casa	Tu idea
Google Trends	Ascenso significativo	
Tamaño del mercado (a través de Facebook Ads)	50 000	
Costo	500 dólares	
Oportunidad de mercado	25 000 000 de dólares	
¿Vale la pena?	**Sí**	

Si vale la pena hacer un negocio con tu idea, ahora tenemos que asegurarnos de que sea rentable.

Calcula tus ganancias:

	Establecimiento de oficinas en casa	Tu idea
Precio	500 dólares	
Costo	25 dólares	
Ganancia	**475 dólares**	

Ahora, veamos si tú puedes hacer un millón de dólares con este negocio:

	Establecimiento de oficinas en casa	Tu idea
Ganancia objetivo	1 000 000 dólares	
Ganancia por unidad vendida	475 dólares	
Total de ventas necesarias	2 105	

En MillionDollarWeekend.com, puedes ver un video que explica el proceso paso a paso.

La meta de alcanzar 2 105 oficinas en casa parece muy elevada. Podría no serlo si cuentas con una gran cantidad de seguidores interesados en este servicio, pero si apenas estás comenzando tal vez debas considerar un cambio de planes o pensar en otra idea. Este proceso te ahorra tiempo porque impide que trabajes en ventas con poco potencial. Siéntete libre de usarlo en tus ideas para comparar las oportunidades. Quizá tu sueño no sea ganar un millón de dólares, pero este ejercicio te ayudará a identificar la probabilidad de tener éxito ¡con cualquier cifra de la libertad que elijas!

Solo me quedaban 12 horas antes de que terminara el desafío de Sumo Jerky. Había llegado el momento de hablar con los clientes y ver si, en efecto, podía generar 1 000 dólares en ganancias. Ahora consigamos algunos clientes para tu negocio.

CAPÍTULO 5

El desafío económico de 48 horas

CONSIGUE QUE TE PAGUEN Y VALIDA TU NEGOCIO

"Sí, tiras de carne. No, no es un juego de niños. Literalmente estoy vendiendo tiras de carne seca. Ofrezco paquetes de tres, seis y 12 meses para empresas como la tuya. ¿Cuál quieres? ¡Genial! Te acabo de añadir a SendGrid; recibirás tu confirmación de un paquete de 12 meses. Eres lo máximo. ¿Me puedes hacer un depósito ahora mismo a través de PayPal? La cuenta es paypal@okdork.com. Súper. Estaré enviando tus paquetes en las próximas semanas. ¡Prepárate para que tus compañeros en la oficina te adoren!".

Así pasé todo el día, tratando de colocar órdenes de tiras de carne como si solo tuviera 24 horas para hacerlo… ¡porque solo tenía 24 horas!

A continuación, te mostraré un ejemplo de un correo electrónico que le envié a Zach, uno de los primeros compradores (nota la hora en que se envió).

ASUNTO: pregunta para hoy 2:01 am
PARA: Zack
DE: Noah Kagan

estoy probando un nuevo negocio. pensé que te gustaría:
servicio mensual de tiras de carne seca.
por 40 dólares al mes puedes recibir una cantidad suficiente

de saludables tiras de carne seca para comer todos los días, alrededor de 1.42 dólares diarios. Son un bocadillo delicioso.
estoy ofreciendo bloques de 3 (120 dólares) o 6 (240 dólares) meses.
¿te apuntas?
cantidad limitada a unas 20 personas, solo el día de hoy para hacer tu orden y que llegue a partir de la siguiente semana.
===> paypal@okdork.com
XOXO
noah
p. d.: ¿Conoces gente en otras oficinas que compre bocadillos y con quien pueda hablar?

Fue un largo día y, después de trabajar como loco, estas son las cifras que obtuve para Sumo Jerky:

- **Ingresos totales: 4 040 dólares**
- **Ganancias: ¡¡¡1 135 dólares!!!**

Nada mal para un tipo al que despidieron de Facebook y pusieron a estudiar inglés como segunda lengua, ¿no?

(Tal vez te estés preguntando cómo obtuve las tiras de carne. Descuida, una vez que tienes el dinero de los clientes, es fácil cumplir; preocúpate cuando no lo tengas. Solo busqué y contacté a proveedores a través de Google e Instagram para que me enviaran sus tiras a los precios que yo había ofrecido.)

Para este momento, ya habrás verificado con éxito que tu propia idea tiene el potencial de un millón de dólares. Ahora es momento de probar si las personas querrían gastar su dinero en tu producto.

Este paso es c-r-u-c-i-a-l. Aunque muchas de tus ideas parecerán geniales en teoría, hasta que no pongas a prueba qué tan dispuesto estaría a pagar el mercado en el que te has enfocado, no podrás saber si pueden pasar de ser una *idea* a un *negocio.*

Te pondré un ejemplo. Durante el lanzamiento de AppSumo, no me convencía completamente la idea de que la gente quisiera comprar paquetes de software en línea de la misma forma que en Groupon. Por eso tuve que validar el modelo de negocios y comprobar si podía conseguir clientes que pagaran.

La validación implica encontrar, en 48 horas, a tres clientes dispuestos a pagarte por tu idea.

La validación de AppSumo fue tan exitosa que, desde entonces, he aplicado este proceso de validación en cada emprendimiento que he llevado a cabo, incluido Sumo Jerky.

Con este proceso de validación descubrí que, una vez que lo entiendes, lo puedes aplicar en todas las ideas de negocios, sin importar cuán triviales o modestas sean.

Cada posible idea en potencia puede verificarse en un instante, como si tuvieras una varita mágica.

Los beneficios de la validación son inmediatos y fundamentales:

1. No desperdicias tiempo.
2. Ahorras dinero.
3. Averiguas si en verdad puedes conseguir clientes para tu idea.
4. Te pagan por adelantado.
5. Una hoguera se enciende en tu trasero y te obliga a moverte de inmediato.

Asimismo, como ahorrarás tiempo y dinero, la validación te permitirá poner a prueba tantas ideas como sea posible. En teoría, podrías evaluar 52 ideas al año sin mucho problema, aunque eso no será necesario porque lo más probable es que, con este método, ¡solo te tome entre tres y cinco fines de semana dar en el clavo!

La regla de oro de la validación

Además del proceso de validación que me hicieron poner a prueba mis alumnos de Monthly1K para Sumo Jerky, también recurro a la regla de oro de la validación:

Encuentra en 48 horas a tres clientes dispuestos a pagar por tu idea.

Tener éxito significa moverse con rapidez y sin gastar dinero. Esto es lo que hace que la regla de oro de la validación sea tan efectiva. Estas son las razones por las que funciona tan bien:

- **Solo tienes 48 horas.** Las limitaciones fomentan la creatividad. Tener un límite de tiempo te obligará a distanciarte del aspirante a emprendedor que vive en ti y te forzará a repetir los procesos con rapidez y a ser creativo hasta que encuentres algo que funcione.
- **Obtienes tus tres primeros clientes.** Tu primer cliente siempre es un amigo, el segundo es un familiar, pero encontrar el tercero será difícil. ¿Crees que será sencillo? Entonces consigue tres clientes. No te preocupes por construir el negocio, por el momento solo estamos validando tu idea. Si te parece complicado ahora, prepárate porque puede complicarse aún más.
- **Puedes cobrar por adelantado.** Una promesa de pago no es una validación, sino un rechazo educado. Lo que hace que tu negocio sea real es lograr que los clientes te den su dinero: necesitas obtener dinero real de gente real. En estos tiempos, servicios como PayPal, Stripe, Cash App y Venmo facilitan esta recolección de fondos.

El punto es que, si con solo describir un producto o solución logras que alguien te pague rápido, ¡eres bueno!

No estás tratando de inventar demanda, sino de averiguar cuánto le entusiasma a la gente la idea con la que planeas ayudarla.

Tres métodos para validar cualquier idea de negocio

1. Preventa directa

Mi método favorito para validar el mercado de un producto es hacer contacto directo con personas reales. Les explico lo que ofrezco, solicito su inversión y observo sus reacciones. La preventa activa con los primeros clientes es la estrategia más efectiva para iniciar un negocio.

Mi amigo Eric generó 8 000 dólares en negocios en dos semanas. Lo único que hizo fue tocar de puerta en puerta y entregarle a la gente un volante que decía: "Hola, ¿qué tal? Soy Eric de Foothills Painting. Noté que su casa tiene áreas donde la pintura está descarapelada y me gustaría ofrecerle un presupuesto gratuito".

Este discurso de dos oraciones le permitió construir un negocio de 750 000 dólares anuales.

O piensa, por ejemplo, en lo que le sucedió a Dana, una típica aspirante a emprendedora que se inscribió en mi curso Monthly1K para comenzar un negocio en la industria equina. Dana se olvidó de la idea de construir una aplicación costosa y decidió usar el método de preventa para validar su propuesta de manera rápida y económica.

Esta es la conversación exacta que cambió su perspectiva:

DANA: Estoy iniciando un negocio con caballos. Lo lanzaremos en cuatro meses. Empezaré con caballos y entrenadores, y también contaré con un profesional.
NOAH: De acuerdo.
DANA: Sí, estamos buscando un desarrollador y financiamiento para construir nuestro prototipo.
NOAH: De acuerdo. Entonces, ¿cuál es el problema que van a resolver?
DANA: Bueno, he tomado muchas clases en Skillshare, estoy haciendo investigación de mercado y trabajamos con un desarrollador para lanzar el sitio en cuatro meses.
NOAH: Insisto, ¿qué problema van a resolver?

DANA: Queremos enseñarle a la gente a cuidar caballos.
NOAH: ¡Sí! ¡¡Ahora sí estamos hablando!! Dime, ¿cómo realiza la gente estas actividades actualmente y por qué sus métodos son ineficaces?
DANA: Los videos de YouTube son de pésima calidad. Muchos propietarios de caballos cuentan con recursos económicos, pero no tienen acceso a conocimientos amplios y profundos.
NOAH: (Chasquea los dedos) ¿Y cómo puedes comprobar que la gente te pagará por resolver este problema?
DANA: Puedo enviar un mensaje a través de mis grupos de caballos y a mis amigos para ver si alguien pagaría a cambio de este conocimiento especializado.
NOAH: Esto empieza a sonar serio.

En su primer intento oficial, Dana generó su primer dólar o, más bien, sus primeros mil dólares en la primera semana, al animarse a realizar una "prueba" y enviar mensajes a sus amigos y al grupo de personas interesadas en caballos. Para echar a andar su negocio, no necesitó un sitio web completo ni una aplicación. Vaya, ni siquiera le hizo falta una cuenta bancaria empresarial ni una organización formal como LLC. Los primeros meses solo necesitó PayPal (¡o Venmo, Cash App o efectivo!).

Tu Lista de los 10 soñados para la preventa

En el capítulo 3, aprendiste la estrategia "el cliente es primero". Ahora, con ese mismo conocimiento, vamos a crear una lista de las 10 primeras personas a las que contactarás para realizar una preventa.

Tu objetivo es determinar qué personas es más probable que se conviertan en tus clientes ideales. Al definir esto podrás avanzar lo más rápido posible de cero a un dólar.

He creado una tabla en Excel con 10 filas para empezar. En ellas registrarás a tus 10 prospectos o los 10 soñados, es decir, las personas idóneas con las que podrás validar tu idea de negocio.[1]

Estas son las columnas que deberás usar:

Nombre	Empresa	Teléfono	Correo electrónico	¿Cuándo lo contacté?	¿Cuándo dar seguimiento?	Notas

En MillionDollarWeekend.com encontrarás una hoja de cálculo gratuita para los 10 soñados.

Hazlo fácil: empieza con tus mejores amigos—tu zona de influencia— y pregúntales a quién podría interesarle. A menudo, las personas complican este proceso al extenderse más allá de su círculo inmediato. Muchos lo hacen para evitar el rechazo, pero, en realidad, tu red de contactos desea verte triunfar.

Revisa tu lista de amigos y grupos en Facebook, tus contactos preferidos, tus conexiones en LinkedIn; busca en tu agenda a tus antiguos colegas y clientes, revisa las listas de mensajes de texto, piensa en la gente de tu iglesia o sinagoga, tus seguidores en Twitter y otras personas que puedan convertirse en tus clientes ideales.

---

[1] Los 10 soñados o Dream Ten está inspirado en Chet Holmes, quien ideó la estrategia de los 100 compradores de ensueño y escribió sobre ella en el libro *The Ultimate Sales Machine*.

Para validar Sumo Jerky, contacté a amigos conscientes de su salud, así como a aquellos que trabajaban en oficinas y a proveedores de servicios de pago que también trabajan en oficinas.

Para cuando termines de hacer esto, deberás haber llenado por lo menos 10 renglones, es decir, tus 10 soñados.

Pero si estás pensando: "¡Demonios, no conozco a 10 personas que quieran comprar esto!", entonces, taaaaal vez deberías considerar una idea de negocios distinta porque, como mi padre diría, rezar y esperar a que 1 000 personas en este mundo lo compren como si fuera magia es vivir en una fantasía. Enfócate en los mercados y negocios en los que tengas influencia para que te sea más sencillo triunfar.

¡Llegó la hora de convertir esa lista en dinero!

Guiones para la preventa de tu idea

Mi amigo Daniel Reifenberger lanzó su primera idea exitosa a partir de su empleo fijo matutino en una tienda de Apple local, donde enseñaba a *baby boomers* y a señoras mayores a usar computadoras. Sus clientes le preguntaban todos los días: "¿Podría usted venir a casa conmigo?".

Primero pensó que las señoras mayores estaban coqueteando con él, pero luego comprendió lo que en realidad buscaban: entrenamiento tecnológico a domicilio.

Daniel siempre ayudaba a sus amigos y familiares con sus dispositivos y problemas informáticos, así que, para validar su idea de entrenamiento tecnológico a domicilio, les pidió que lo refirieran a personas con problemas similares. En menos de una semana, consiguió tres clientes dispuestos a pagarle.

Su primer cliente le permitió obtener una ganancia al realizar el trabajo de forma manual y, excepto por el recorrido en automóvil, todavía no ha invertido un solo centavo en este negocio. El único equipo que ha usado es su teléfono celular y su dirección de correo electrónico.

Actualmente, su negocio de asesoría tecnológica le genera 20 000 dólares al mes.

Analicemos los guiones que puedes usar y las conversaciones de Daniel.

La validación es una conversación, no un discurso de ventas. Es una charla para averiguar información sobre el cliente, para determinar si le puedes ayudar y si está dispuesto a pagarte.

Por esta razón, te recomiendo que, cuando tengas a tus 10 soñados, conviertas la etapa de pedir en una conversación exploratoria que te permita averiguar más.

Estas personas te conocen bien y estarán dispuestas a brindarte un poco de su tiempo, así que aprovéchalo para investigar lo que más les entusiasma o menos les agrada de tu producto para que puedas realizar los ajustes necesarios.

El proceso para validar tu solución con tus 10 soñados se puede estructurar en tres partes:

1. Escucha
2. Opciones
3. Transición

Primero, **escucha.** Este paso requiere que facilites una conversación donde los clientes describan su problema.

Aquí tienes tres preguntas que te facilitarán el proceso en esta etapa:

- ¿Cuál es el aspecto más frustrante de su problema?
- ¿De qué manera tener X podría mejorar su vida?
- ¿Cuánto cree que debería costar X?

Al terminar, haz un resumen de lo que explicó la persona. Daniel, por ejemplo, diría: "Entonces, lo que quiere es una manera más sencilla de aprender a usar su computadora, ¿correcto?".

CONSEJO PROFESIONAL: En lugar de hacer preguntas cerradas cuya respuesta sea sí o no, la cual podría limitar la información que obtengas, formula preguntas que comiencen con "¿qué?" o "¿cómo?" para estimular al cliente a tener un diálogo más abierto contigo.

Es fundamental que escuches atentamente y anotes sus problemas, ya que tu objetivo es identificar sus principales molestias y entender por qué les sería valioso pagarte.

Entre más sufra la gente, ¡más rentable será la oportunidad!

A continuación, vienen las **opciones.** Tras identificar el problema, deberás sugerir soluciones y tarifas tentativas. Aquí hay algunos ejemplos de Daniel:

- Podría ofrecerle un curso digital para que aprenda a reparar su computadora.
- ¿Qué tal si voy a su casa y yo mismo reparo su computadora?

En esta etapa deberás percibir emoción y disposición a pagar. Si tus clientes potenciales ponen los ojos en blanco y no muestran entusiasmo, significa que tus opciones no suscitaron suficiente interés.

Ahora, la **transición.** Ya conoces su problema y sabes qué opción le entusiasma. Llegó el momento de hacer la transición hacia la venta.

"Entonces le agrada la idea de que vaya a su casa y solucione el problema de su computadora, ¿correcto? Lo puedo hacer hoy por 50 dólares. ¿Le parece bien?".

Si el cliente te paga, la validación habrá sido exitosa, pero si no lo hace tendrás que tomar otra vía que te explicaré en un momento.

Con frecuencia puedes sintetizar tu oferta en tres partes: **precio + beneficio + tiempo.** Estos tres elementos unidos forman una oferta.

Te daré más ejemplos:

- Por 25 dólares, en 20 minutos le puedo enseñar a ahorrar una hora diaria en su Mac.
- Por 69 dólares y en tan solo dos horas le puedo enseñar a escribir mejor.
- Por 10 dólares, en solo 10 minutos le enviaré un PDF con 10 estrategias mentales que cambiarán su forma de pensar.
- Por 180 dólares, esta semana le entregaré en su oficina raciones para seis meses de deliciosas tiras de carne seca.

CONSEJO PROFESIONAL: Presentar tu oferta como una comparación podría facilitarle al cliente comprenderla. "Somos como X, pero nos llamamos Y" podría significar: "Somos como su competidor, pero nuestro precio es dos veces menor". Las investigaciones indican que entenderemos mejor algo cuando se presenta en contraste con otro elemento.

Pedir dinero

Existe una gran diferencia entre lo que la gente dice y hace. Todos "están interesados" hasta que tienen que pagar.

Es por esto que, en el proceso de validación, no debes preguntar: "¿Le interesaría tal producto?". Mucha gente me ha dicho que está interesada, pero después no está dispuesta a pagar.

No, primero tienes que pedir dinero y solicitar que la gente pague de inmediato.

Advertencia: cuando validas, tienes que sentirte cómodo con la posibilidad de vender tu producto o servicio antes de haberlo fabricado o producido. Deberás explicarle al cliente con claridad cuándo recibirá lo que ha comprado porque a la gente no le causa problema pagarte por adelantado, siempre y cuando establezcas expectativas precisas.

Esta es mi forma favorita de solicitar el dinero:

"Apúntese ahora mientras tenemos el precio con descuento. Pague X porcentaje de Y dólares (y ese precio se le respetará de manera permanente). La oferta solo será válida hoy".

CONSEJO PROFESIONAL: Siempre da seguimiento enviándoles a tus primeros clientes un correo electrónico para solicitar su retroalimentación. La retroalimentación es como un regalo que te dan para continuar mejorando tu oferta y tu negocio.

Cómo lidiar con el rechazo

Por supuesto, el éxito con la preventa directa no es siempre inmediato. De hecho, recibirás muchas respuestas negativas y, en ese caso, valdrá la pena que tengas la mejor técnica para actuar.

Cada rechazo representa una oportunidad para profundizar en los problemas de tus clientes. Recuerda las **metas de rechazo** de mi padre en el capítulo 2: los rechazos son un tesoro.

Cuando me rechazan durante la validación, aplico un guion de cuatro preguntas que transforma el "No" en ideas y conocimientos nuevos, e incluso en clientes nuevos.

Existe una gran diferencia entre lo que la gente dice y hace. Todos "están interesados" hasta que tienen que pagar.

---

1. **"¿Por qué no?".** Es muy probable que te dé miedo abordar esta pregunta sin reservas porque, admitámoslo, ¿qué pasará si la crítica es acertada? Pero ¿no es justo esa la información que necesitas?
2. **"De las personas que conoce, ¿hay alguien a quien le gustaría o convendría esto?".** ¡Siempre, siempre, siempre pídele un referido a otro cliente potencial! Ser específico respecto al tipo de referido que necesitas y mencionar la cantidad hace que esta pregunta sea muy eficaz.
3. **"¿Qué haría que usted aceptara sin pensarlo dos veces?".** Si la persona no quiere tu producto, es probable que desee algo relacionado con él. Si no quiere pagar por tu aplicación para cuidar perros, ¿estaría interesado en un servicio de paseo de perros, un hotel para perros o un servicio de citas para perros?
4. **"¿Cuánto pagaría por ello?".** Como una de las tareas más difíciles en una startup es fijar el precio, lograr que los clientes potenciales te digan cuánto estarían dispuestos a pagar ¡es oro puro!

Te contaré una anécdota sobre cómo transformé un rechazo en una venta durante el proceso de validación.

Existe una empresa llamada Mondo que vende ediciones limitadas de pósteres de películas. Mondo les solicita a artistas locales que reinventen pósteres de películas clásicas, los cuales producen en una cantidad limitada y ponen a la venta.

Mondo tuitea cada vez que un nuevo póster está disponible y se agota en cuestión de minutos.

Esta fue mi idea: ¡edición limitada de pósteres de tacos de restaurantes locales!

Es una idea instantánea para obtener un millón de dólares, ¿cierto? Siempre que tengo ideas como esta, ¡empiezo a pensar de qué color será el Ferrari que me compraré!

Creí que sería sencillo porque Mondo ya trabajaba con un concepto similar. Además, yo conocía a artistas y restaurantes que promoverían los pósteres entre su base de seguidores y estaba seguro de que se venderían en cuestión de minutos.

Ya imaginarás hacia dónde va esta anécdota...

Contacté a algunos buenos amigos, verdaderos amantes de los tacos, y les presenté la idea de un póster de tacos por 25 dólares.

Estas fueron las respuestas que obtuve:

"Ah, ¿entonces quieres que pague 25 dólares por un póster de... un taco? Lo siento, paso".

- "Aaajá. No, no es lo mío, Noah".
- "Noah, nadie ama los tacos tanto como tú".

Obviamente, me decepcionó descubrir que ni siquiera mis amigos más cercanos comprarían un póster de tacos en edición limitada. Cada vez que me rechazaban, les hacía mis cuatro preguntas:

1. "¿Por qué no?".
2. "De las personas que conoces, ¿hay alguien a quien realmente le gustaría o convendría esto?".
3. "¿Qué se necesitaría para que aceptaras sin pensarlo dos veces?".
4. "¿Cuánto estarías dispuesto a pagar?".

Estas son las respuestas que recibí, en orden:

- "Porque no quiero un póster de un taco".
- "No, ninguna".
- "Bueno... lo que sí me gusta es la camisa de tacos que traes puesta. Eso sí me interesaría. ¿Cuánto cuesta una camisa así? ¿Unos 20 dólares? ¿30?".

Esta fue una de las cosas que me mantuvo en pie: una camisa de tacos que tengo y que siempre llama muchísimo la atención.

Hora del experimento de validación número dos. Contacté a los mismos amigos por mensaje de texto y a otros les llamé para preguntarles: "¿Recuerdas la camisa de tacos que uso con frecuencia? ¿Te gustaría tener una igual?".

Estas son las respuestas que obtuve:

"Demonios, ¡claro que sí! Dalo por hecho".
"¡La quiero ahora!".
"¡*Show me the* tacos!".

A continuación, publiqué en Facebook una fotografía mía usando la camisa y asigné un precio de 25 dólares la pieza.

Tras recibir 15 órdenes a través de PayPal, sin necesidad de tienda de *e-commerce* ni de sitio web porque la gente solo me transfirió el dinero, cerré las ventas y empecé a buscar un fabricante.

Así nació la Camisa Taco. ¿Se convirtió en un enorme y llamativo negocio? No.

La moraleja es: casi todas las ideas de negocios están destinadas a fracasar en el primer intento. Instagram empezó como una aplicación llamada "Burbn". Slack empezó como una aplicación de juegos. Así que continúa validando, transforma el rechazo en mejoras y recuerda que la retroalimentación vale oro.

Sigue dialogando y escuchando a tus clientes hasta averiguar qué necesitan.

¡Es hora de tacos!

CONSEJO PROFESIONAL: La comunicación activa, como las llamadas y mensajes de texto, funciona mejor que la pasiva, como publicar en Facebook o Twitter y esperar respuestas. Opta por enviar mensajes directos (DM, por sus siglas en inglés) o cualquier método que te permita obtener una respuesta lo más pronto posible.

2. Mercados

Una forma clásica de validar tu producto es a través de mercados en línea, como Marketplace de Facebook, Craigslist, Reddit o cualquiera que funcione en tu localidad. Lo genial de los mercados en línea es que una cantidad enorme de personas ya está ahí lista para gastar su dinero. Los mercados son un método confiable para validar las diversas ideas de negocios que estás considerando.

Por ejemplo, mi buen amigo Neville quería validar si la gente pagaría por alquilar cámaras fotográficas costosas. Publicó un anuncio de alquiler de una cámara en Craigslist y logró obtener 75 dólares en solo unas horas.

El anuncio que publicó Neville en Craigslist.

Esta sencilla validación le costó a Neville unos minutos de su tiempo y cero centavos. Esto resulta mucho más eficiente que construir un sitio web, encontrar un dominio, diseñar un logo, tratar de conseguir clientes, etcétera. A menudo, también empleo un simple proceso de "producto virtual" en mercados en línea ¡para probar productos que ni siquiera existen todavía! Primero busco un artículo similar al que deseo validar o realizo un dibujo rápido y burdo de lo que quiero vender, y después lo público en el mercado junto con el precio para ver si hay gente interesada.

Te daré un ejemplo. Me encanta jugar *disc golf* (también conocido como golf con frisbee) y en una ocasión encontré un frisbee increíble en el canal DIY de Reddit. Tomé una fotografía y la publiqué en Facebook Marketplace y en Twitter con la siguiente leyenda: "Hola, amantes del Nintendo o del Disc golf. Voy a fabricar 5 discos con temáticas de Nintendo. Si quieren uno, envíen su pago de 20 dólares a través de PayPal".

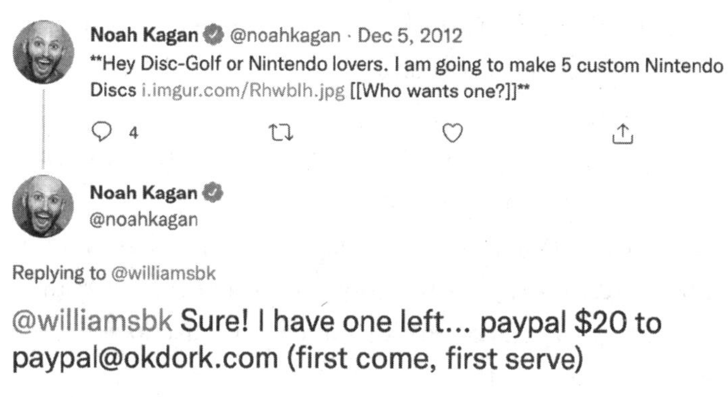

El punto es que no intenté encontrar un fabricante, no creé un sitio web ni traté de probar el disco. Solo pregunté: "¿Alguien estaría dispuesto a pagarme por esto?". Y la gente pagó. Vendí 20 discos y conseguí a un fabricante que los produjo y los envió directamente a los compradores.

Otra técnica que también funciona consiste en publicar en las redes sociales donde ya tienes una audiencia.

Jamie, mi asistente, estaba tratando de desarrollar un negocio alternativo, así que le pregunté si alguna vez había entrenado a alguien más para ser asistente porque (1) ya contaba con esta habilidad y era muy buena en ello, y (2) porque muchas otras personas querían un empleo como el suyo.

Jamie publicó de inmediato en Facebook: "Hola, soy asistente personal y gano mucho dinero haciendo este trabajo. Me gustaría ayudar. Si les interesa saber cómo lo hago, estaré feliz de ayudar a algunas personas. Solo dejen un comentario o envíenme un mensaje".

Fue una publicación auténtica, directa, abierta y accesible.

Por supuesto, la gente empezó a responder y, poco después, Jamie estaba cobrando 100 dólares por persona para que la siguieran todo el día mientras ella realizaba su rutina laboral y les explicaba lo que hacía.

¡Así es como debe hacerse!

3. Páginas de inicio

Una estrategia muy popular consiste en crear una página de inicio mediante el uso de servicios económicos o gratuitos. En estos días, Instapage, Unbounce y ClickFunnels son de las herramientas más populares para hacer páginas, pero también puedes encontrar opciones más recientes en MillionDollarWeekend.com.

Tras desarrollar la página, muchos optan por lanzar numerosos anuncios para dirigir tráfico al sitio y determinar si los visitantes están dispuestos a registrar su correo electrónico para suscripciones o incluso para preordenar el producto.

No obstante, esta estrategia no es de mi agrado porque implica invertir tiempo en desarrollar la página y comprar los anuncios, y cuando compras anuncios, tienes que convertirte en experto en este campo. Es una experiencia lenta y costosa, dos elementos que detesto.

Te recomiendo que, si sientes que tienes que hacer esto, limites tu trabajo a 48 horas para evitar pérdidas de tiempo y dinero innecesario.

Si deseas crear una página competitiva, puedes guiarte por lo que hizo mi antiguo pasante, Justin Mares, cuando estaba validando lo que se convertiría en la exitosa empresa de caldo de huesos de res Kettle & Fire.

Para empezar, Justin compró el dominio bonebroths.com por 12 dólares y creó una página de inicio básica en Unbounce. Pagó cinco dólares en Fiverr para que le diseñaran un logo sencillo.

Después de crear la página y redactar el contenido, eligió un precio. Imaginó que si cobraba 29.99 por medio litro de caldo, podría obtener una ganancia. Sabía que si la gente estaba dispuesta a darle a un desconocido casi 30 dólares por medio litro de un producto que no había probado o incluso visto, lo más probable es que estaba destinado a triunfar.

Los usuarios que le dieron clic al botón de "Ordene ahora" en el sitio fueron redirigidos a PayPal, donde se les solicitaba enviar el pago a la dirección de correo de Justin y debían especificar que era para "Caldo de huesos de res".

A pesar de que el sitio web era tan feo que podría haber horrorizado a cualquier diseñador gráfico, todo cambió cuando Justin compró alrededor de 50 anuncios de Bing. La gente comenzó a visitar el sitio ¡y a enviar dinero por PayPal!

A lo largo de dos semanas de pruebas, obtuvo ingresos por casi 500 dólares. Ahora, Kettle & Fire es una empresa de casi 100 millones de dólares que vende… ¡¿caldo?!

¡Idea validada!

La clave es: **si tomas esta ruta, no pienses demasiado en el diseño, el nombre, el idioma, los anuncios ni nada similar. ¡Solo enfócate en averiguar si puedes conseguir que la gente compre tu producto!**

DESAFÍO

Validación

Tu desafío consiste en conseguir por lo menos tres clientes que paguen en menos de 48 horas.

Toma tu lista de los 10 soñados que hiciste para la preventa directa. Llama, envía mensajes de texto, mensajes directos o correos electrónicos: ¡entre más tiempo real uses, mejor!

Ejemplo de un guion que puedes copiar:

TÚ: Hola, recordé que te encantan las tiras de carne seca.

COMPRADOR EN POTENCIA: Sí, las como todo el tiempo.

TÚ: ¡Genial! Estoy trabajando en un nuevo proyecto con tiras de carne de res saludables. Creo que te encantarían. Serías mi primer cliente. El costo es de solo 20 dólares al mes.

COMPRADOR EN POTENCIA: No lo sé, ¿de qué tipo de tiras estamos hablando?

TÚ: De tiras saludables, seleccionadas por mí. Si no te gustan, te reembolsaré tu dinero con mucho gusto.

COMPRADOR EN POTENCIA: Suena bien. ¿Puedo pagar después?

TÚ: ¿Por qué no me envías el pago por Venmo, PayPal o en efectivo para que pueda confirmar tu compra? Solo voy a aceptar 10 órdenes para este primer lote.

COMPRADOR EN POTENCIA: Te acabo de enviar el dinero.

Si después de validar no compra nadie, elige otra idea y empieza de nuevo. ¡Vuelve al capítulo 3 y sigue el proceso desde el principio!

Si ya validaste tu idea con al menos tres clientes, ¡asombroso! ¡Lo lograste! ¡Tienes un negocio! ¡Bum! Ahora, hablemos de cómo hacerlo crecer.

Bono gratuito: Encuentra mis seis maneras de mejorar tus ofertas en MillionDollarWeekend.com

TERCERA PARTE

HAZLO CRECER

Genera dinero mientras duermes

Lo lograste. ¡Estoy orgulloso de ti!

Ahora empezaremos a construir la máquina de crecimiento que transformará a tus primeros clientes en una comunidad de seguidores que impulsará el éxito de tu negocio. Te enseñaré la misma estrategia de marketing que he usado en cada uno de mis negocios. En los siguientes capítulos, aprenderás:

- **Las redes sociales son para el crecimiento...** Cómo construir en 30 días un círculo central de 100 verdaderos fanáticos (un saludo a Kevin Kelly por la inspiración), y cómo elegir la plataforma correcta para ti hasta lograr una ventaja desmesurada.
- **...los correos electrónicos son para la rentabilidad.** Cómo llevar a estas personas directo a tu "cajero electrónico" (lista de correo electrónico) para que dejen de ser audiencia y se conviertan en clientes.
- **La máquina de crecimiento.** Cómo implementar tus experimentos de marketing y duplicar lo que sí funciona.
- **Este año tiene 52 oportunidades.** Cómo convertir tu vida soñada en acciones diarias.

CAPÍTULO 6

Las redes sociales son para el crecimiento...

CONSTRUYE UNA AUDIENCIA QUE TE APOYE DE POR VIDA

Cuando mi padre falleció, empecé a soñar con Bo Jackson, el único atleta de la historia que fue estrella tanto en la NFL como en la MLB. Bo Jackson fue uno de los atletas más populares del planeta a principios de la década de los noventa.

Recuerdo que mi padre lo adoraba. Bo venía de la nada, fue un tímido ciudadano de Alabama que tartamudeaba, pero alcanzó toda la fama y riqueza imaginables. Mi padre, que también se llamaba Bo, llegó a considerar que su éxito era prueba del sueño americano.

Tal vez fue mi deseo de rendirle homenaje o quizá de volver a sentirme cerca de él, pero hace algunos años, cuando mi padre falleció, de pronto supe que tenía que conocer a Bo en persona. El problema era que Bo había desaparecido de la vida pública.

No trabajaba en Hollywood y tampoco tenía un agente que mantuviera su nombre vivo. Ahora solo llevaba una vida tranquila en Chicago. Cuando intenté contactarlo, descubrí que en 2012 había fundado Bo Bikes Bama, una carrera de bicicleta anual con fines caritativos que busca recaudar dinero para brindar ayuda de emergencia en caso de desastres en Alabama.

Entonces, se me ocurrió que lo mejor que podía hacer era ofrecer mi ayuda. Me pareció una excelente causa y pensé que si ayudaba a Bo, tal vez estaría dispuesto a reunirse conmigo e incluso participar en mi podcast. Recurrí al público que llevaba años formando a través de videos gratuitos en YouTube, preguntas y respuestas (Q&A) y un boletín semanal por correo electrónico. Les pedí su ayuda y la respuesta me dejó anonadado.

Este es el mensaje que envié:

Cuando era niño, el atleta favorito de mi padre fue Bo Jackson. Ahora Bo necesita nuestra ayuda.

Mi padre no está aquí para contribuir, ¡pero nosotros sí!

Cada año, Bo organiza un paseo en bicicleta con el fin de recolectar dinero para un fondo de emergencia para desastres en Alabama. Este año, **mi objetivo es reunir 25 000 dólares para ayudar a los niños y al estado de Alabama.**

Dona a Bo Bikes Bama mediante el formulario que encontrarás más adelante. La colecta termina el 31 de marzo. Igualaré las donaciones 1-1 hasta un total de 5 000 dólares.

NIVELES DE REGALOS

- **Amigo—10 dólares—Carta.** Te enviaré personalmente una carta de agradecimiento desde Alabama.
- **Cuate—50 dólares—Baraja personalizada.** Te enviaré una baraja de cartas diseñadas por mi artista plástico favorito.
- **Brother—100 dólares—Baraja + camiseta.** Baraja personalizada y camiseta con la leyenda "Powered by TACOS".
- ***NUEVO* Hermano—500 dólares—Llamada telefónica.** Todo lo anterior más una hora de asesoría con Noah.
- **Círculo central—1 000 dólares—Todo lo anterior más un recorrido en bicicleta conmigo en Austin.** Acompáñame en un recorrido y pasa un buen rato conmigo en Austin. Además, te llevarás una mochila Minaal y ropa de Rhone y Huckberry.
- **Mejores amigos—10 000—Ciudad de México.** Vamos a la Ciudad de México para comer tacos y hablar de negocios en un restaurante con estrellas Michelin. Todos los gastos pagados.

Recibimos donaciones modestas y, sin que la colecta se hiciera viral, en tres días recolectamos 30 000 dólares de mi audiencia. Dos días más tarde, Bo me llamó personalmente para agradecerme y, poco después, apareció como invitado en mi podcast.

Sí, querido lector, ya te escuché gritar: "¡Por supuesto que pudiste reunir esa locura de cantidad! ¡Ya contabas con una audiencia!". En efecto, pero esto es lo extraordinario: cuando revisé la lista de las 102 personas que donaron a Bo Bikes Bama, ¡reconocí casi todos los nombres! Era gente con la que había interactuado, a la que le había dado consejos de negocios. A algunos solo les había dicho de vez en cuando: "Lo estás haciendo muy bien, ¡no te detengas!".

Lo que quiero decir es que quienes donaron no fueron mis seguidores ni desconocidos entre el público, sino lo que el gurú del marketing, Seth Godin, llama "tu audiencia viable más pequeña", o lo que Kevin Kelly, cofundador de la revista *Wired*, llamó "1000 fanáticos verdaderos", una comunidad conformada por personas cuyos intereses o dificultades específicas coincidían con mis habilidades y pasiones.

El valor y, sobre todo, la alegría permanente que genera una comunidad de 100 fanáticos de gran valor y atentos, a quienes les agradas y confían en ti porque te conocen, eclipsarán cualquier satisfacción a corto plazo que pudieras conseguir por tener 10 000 seguidores de poco valor que apenas te prestan atención. No importa si vendes equipo para ciclismo de montañas, clases de cocina o servicios de SEO: entre los miles de millones de usuarios de internet, hay cientos o quizá miles de personas que no solo pagarán por lo que vendas ahora, sino que también te seguirán y apoyarán todas tus iniciativas empresariales en los años por venir.

Una comunidad que ya te conoce, te sigue y te apoya representa una de las fuerzas más poderosas en los negocios, y solo se puede construir a través de la generosidad. Este tipo de comunidades se forman al agregar valor sin esperar nada a cambio, al ayudar a la gente en su viaje sin pedirle algo de manera inmediata. A veces puedes ayudar al estimular su autoestima con un simple halago.

Durante 20 años, he ofrecido a la gente contenido gratuito a través de OkDork y AppSumo, así que, cuando finalmente dije: "Oigan, estoy reuniendo dinero para una causa caritativa, ¿quieren contribuir?", para mí fue fácil pedir, y a la gente de la comunidad le fue fácil decir "sí". Pero recuerda que para formar una verdadera audiencia se requiere tiempo.

En el año 2000 eché a andar OkDork.com para documentar mi viaje y compartirlo con los amigos de la preparatoria y la universidad. En esos primeros años, las publicaciones estaban desordenadas. Había artículos de marketing, fotografías de mi ranita de peluche Seymour y anécdotas universitarias. A medida que mi blog fue evolucionando, se enfocó más en el marketing y, con base en mis intereses y las peticiones de los lectores, en cómo iniciar un negocio.

Las redes de personas que me ayudaron a alcanzar el éxito se basaron en vivir públicamente en las redes sociales, hacer mis negocios de manera abierta y mostrar tanto los éxitos como los fracasos. Por ejemplo, Seth Godin, mi ídolo del marketing, respondió a una de mis publicaciones del blog y eso me permitió conocerlo. Asimismo, el empleo en Mint lo conseguí porque siempre compartía mis proyectos en público.

Alerta, voy a mencionar a varias celebridades: Gracias a que continué trabajando a la vista de todos, también pude conocer a Tim Ferriss, Andrew Chen, Mike Posner, Bo Jackson, James Clear, Ryan Holiday, Blake Ross (cofundador de Firefox), al autor de bestsellers Ramit Sethi, e incluso a mi coautor, Tahl Raz. Conocer a estas personas ha sido una de las mejores experiencias de mi vida.

Ahora bien, yo nunca he "construido una marca personal" de forma deliberada, siempre he sido yo mismo. Me gusta compartir. Soy honesto y transparente. La gente se aferra a los personajes, pero los negocios los hace con personas reales, en especial con quienes se sienten capaces de entablar una amistad.

Piensa, por ejemplo, en Danny Wang Design, una empresa local de mantenimiento de jardines y césped que cada semana publica cautivadores videos de 45 segundos con la temática de "antes y después", donde se muestra cómo sus empleados embellecen los jardines de los clientes. Los videos se desarrollan al ritmo de música moderna y vigorosa y están dirigidos a propietarios de casas con jardines dentro del área de servicio de California que cubre la empresa. Danny Wang Design ahora cuenta con 2.3 millones de seguidores en TikTok y recibe de manera regular unas 150 000 vistas en sus videos de #transformaciones, aunque a veces hay más visitantes. Cabe mencionar que Danny no se encuentra por ninguna parte en los videos.

Busca la singularidad de tu visión

¿Cómo encontrar la singularidad de tu visión para empezar a formar tu comunidad?

Cuando las personas se acercan a mí y me preguntan qué hago para que mis publicaciones de blog o mis tuits destaquen entre la multitud, la conversación casi siempre se centra en hacerles entender que lo único que las puede hacer brillar y darles una ventaja desmesurada es su "salsa especial", es decir, su visión única, su audacia.

Piensa, por ejemplo, en Ben Kenyon, el *coach* de fuerza y acondicionamiento físico del equipo de baloncesto los 76 de Filadelfia. También es director ejecutivo y fundador de Great Day Squad. Ben es un individuo fenomenal. Es súper fuerte, divertido y tiene una barba asombrosa.

¡Miren esa barba!

Tuve la suerte de entrevistar a Ben para OkDork porque quería empezar a enviar un boletín y me pidió que lo asesorara. Ben pensaba que su problema era que no conocía el proceso, pero en realidad la mecánica de estas herramientas se resume en encontrar la forma de aceptar y amplificar tu singularidad para atraer a las personas y que estas se conviertan en amigos y clientes.

Le hice esta pregunta a Ben:

"Dime, en 30 segundos o menos, ¿en qué consiste la singularidad de tu visión?". Dicho de otra forma, ¿por qué a alguien le interesaría leer tu boletín?

Sé que suena brusca, pero esta es la primera pregunta que debes responder antes de salir y desempeñarte en la esfera pública.

Al verse presionado para definir la singularidad de su visión, Ben reflexionó un momento. Hizo muecas, rio nervioso y se encogió de hombros. ¡Qué difícil!

Finalmente, empezó a hablar, lento pero confiado. Esta es la manera en que Ben definió su visión única, su "salsa":

"He sido entrenador de rendimiento los últimos 14 años, he trabajado con los mejores atletas del mundo. Mi motivación es ayudar a la gente a mejorar su desempeño físico. Quiero ayudar a todas las personas que deseen tener un gran día y cambiar su mentalidad para que asuman el control de su vida. Tengo información que compartir cuando se trata de trabajar con los mejores".

¡Esto es hermoso! Es increíble porque es muy honesto y auténtico, pero también por su claridad.

Desglosemos las palabras de Ben y veamos cómo con solo cuatro oraciones define:

1. Quién es.
2. Por qué deberías confiar en él.
3. Lo que le apasiona.
4. Las características singulares que le permitirán hacer algo especial por ti.

El mensaje de Ben es claro, accesible, directo y conciso. En las primeras tres oraciones define lo que lo hace especial (¡sus 14 años ayudando a los mejores atletas del mundo a mejorar su rendimiento!) y en la cuarta, donde habla de resolver los problemas de sus clientes y enseñar a la gente lo necesario para asumir el control de su vida, define el tipo de amor y atención que ofrecerá con generosidad para formar y hacer crecer una comunidad.

Como Ben, tómate un minuto y escribe en tu diario un discurso en el que describas la singularidad de tu visión.

DESAFÍO

Describe la singularidad de tu visión

Aquí no hay respuestas correctas ni incorrectas, puedes modificar esta descripción cuando lo desees.

1. ¿Quién eres?

____

____

2. ¿Por qué debería escucharte la gente?

____

____

3. ¿Qué te apasiona?

____

____

4. ¿Qué harás por los demás?

____

____

Elige una plataforma

Una vez que encuentres la singularidad de tu visión, necesitarás llegar a una audiencia, y la mejor manera de hacerlo será aprovechando las redes sociales y dándote a conocer de manera gratuita.

Puedes elegir entre cualquiera de estas plataformas gratuitas:

- A los fotógrafos les encanta Instagram porque ahí pueden mostrar su trabajo más reciente y atractivo.
- A los consultores les fascina dar discursos en LinkedIn.
- A los periodistas, mercadólogos y otros profesionistas similares les gusta el número limitado de caracteres de Twitter.
- Los diseñadores pueden presumir su trabajo en Dribble.
- Los autores pueden abrir un blog de forma gratuita en WordPress.com

Y eso es solo hoy. Mañana será distinto porque las plataformas no dejan de cambiar. Sin embargo, lo que se mantiene constante es la manera en que debes elegir la tuya. Debes saber tres aspectos clave:

1. ¿En qué sitio se encuentra el público con el que quieres conectarte?
2. ¿En qué medio te gusta crear contenido?
3. ¿Dónde obtendrás resultados desproporcionados en relación con el esfuerzo que inviertas?

Para demostrarte que este proceso funciona para una persona real, analicemos cómo elegí mi plataforma. Empecé por eliminar las que no me funcionaban.

- **Instagram:** Como yo no tomo muchas fotografías, ¡hasta la vista, Insta! Pero, espera, si eres diseñador de interiores como Kelsey Hutchins, ¿dónde crees que la gente verá fotografías de tu trabajo? Sin duda, en Instagram. Ahí es donde Kelsey conecta la mayor parte de sus negocios.

- **Podcasts:** Lo intenté durante años y, para ser franco, el público se involucra mucho. Sin embargo, el trabajo que implicaba para mí incrementar a esa audiencia era absurdo. Sin importar lo que hiciera, no lograba aumentarla. Hay un número limitado de gente que escucha podcasts y, hoy en día, descubrir nuevas propuestas es casi imposible. Sin embargo, Jordan Harbinger ha convertido su amor por las entrevistas y los podcasts en un negocio de siete cifras: *The Jordan Harbinger Show.*
- **LinkedIn:** Aquí hay una gran audiencia para la gente de negocios, pero es una plataforma increíblemente ruidosa, y volverse viral en ella es demasiado difícil. A pesar de ello, Justin Welsh la ha usado para vender un curso que le produjo 1.3 millones de dólares en los primeros dos años.
- **Blogs:** Me encanta publicar en mi blog OkDork y todavía lo hago, pero el volumen de búsquedas en Google ha disminuido en general para mí. El trabajo que me exige publicar ya no estimula lo suficiente a la gente a compartir contenido de forma viral porque, ahora, más audiencia pasa su tiempo en las redes sociales. No obstante, Matt Taibbi, el ex escritor de *Rolling Stone,* atrae a 1.3 millones de visitantes mensuales y genera más de 500 000 dólares anuales en Substack, así que bloguear todavía puede funcionar.
- **Twitter:** Me encanta, pero la audiencia no está creciendo, la cantidad de usuarios mensuales ha permanecido igual por años. Ahí sí es posible volverse viral, pero sacar a la gente de la plataforma y hacerla comprar en tu sitio es difícil. A pesar de todo, Nick Huber de The Sweaty Startup ha expandido su negocio de almacenamiento al tuitear principalmente comentarios provocativos sobre dirección empresarial.
- **TikTok:** No quisiera hablar mal de TikTok, pero con base en mi experiencia, te pregunto: ¿prefieres un millón de seguidores ahí o 100 000 en YouTube? No son equivalentes. Yo elegiría YouTube sin pensarlo. De hecho, te diría que una suscripción en YouTube ¡equivale a 25 en TikTok! Sin embargo, si tu audiencia

principal tiene menos de 25 años y busca todas sus noticias, pasos de baile y recomendaciones de compras en TikTok, entonces debes estar ahí. He comenzado a experimentar con esta plataforma y he conseguido más de 150 000 seguidores al reutilizar mi contenido de YouTube, pero no he visto un impacto directo en mis negocios, a pesar de incontables intentos.

Debo aclarar que el hecho de que estas plataformas no me funcionen no significa que no te funcionarán a ti. Lo más importante es empezar con una a manera de experimento.

En mi caso, lo que funcionó fue… ¡YouTube!

Oh, sí, ven con papi. YouTube es el sitio de *streaming* de videos más grande e importante de internet. Cuenta con 122 millones de usuarios diarios activos que consumen 1 000 millones de horas de video todos los días. Además, YouTube monetiza tus videos con anuncios y los alberga sin costo (¡mi precio favorito!).

YouTube representa la mejor manera que he visto para hacer crecer una audiencia de calidad de forma gratuita.

El desafío en esta plataforma es que realizar un video es bastante más difícil que escribir un tuit, lo cual desanima a la mayoría de la gente. Sin embargo, yo lo veo como una ventaja porque significa que, si estás dispuesto a esforzarte, tendrás menos competencia.

Otro problema podría ser que odies aparecer en video, lo cual tampoco es excusa. Existen numerosos canales masivos cuyos creadores nunca han mostrado su rostro, como es el caso de SunnyV2, que tiene más de 2 millones de suscriptores que ven sus documentales sobre celebridades.

Además, no necesitas un costoso estudio ni equipo de Hollywood. Yo empecé un canal en YouTube con mi iPhone12 para grabarme sin camisa en la sala de mi casa mientras hablaba de marketing, y ahora cuento con más de 750 000 suscriptores. No necesitas nada caro o elegante.

Así que no hay excusas, ponte a trabajar.

El principio clave es empezar ahora mismo a construir tu audiencia y luego transferirla a tu lista de correo electrónico, lo cual discutiremos en el siguiente capítulo.

Internet ofrece a todos la oportunidad de contar con el mismo alcance de radiodifusión que el de una marca de medios masiva. No necesitas permiso para crear tu propia audiencia.

DESAFÍO

Actualiza tu semblanza

Elige tu plataforma y actualiza tu perfil/semblanza con el discurso que escribiste sobre la singularidad de tu visión. El objetivo es reflejar quién eres y explicar cómo puedes ayudar a tu cliente ideal.

____

____

____

____

____

Esta es mi semblanza: Jefe Sumo en @AppSumo. #30 en Facebook. Ayudo a empresarios en Okdork.com

Genera contenido para tu círculo central

Mientras lees esta oración, el contenido de mi blog (okdork.com), Twitter (@noahkagan) y YouTube (youtube.com/okdork) habrá llegado a 5 000 personas más de forma gratuita. Lo sé, es increíble y asombroso, pero también es posible para ti. Una buena publicación o un video atractivo puede trabajar a tu favor mientras duermes y sin ningún costo adicional.

Internet ofrece a todos la oportunidad de contar con el mismo alcance de radiodifusión que el de una marca de medios masiva. **No necesitas permiso para crear tu propia audiencia.**

Tomemos el ejemplo de Ali Abdaal. En 2017, mientras estudiaba Medicina en la Universidad de Cambridge, decidió probar suerte en YouTube.

En sus videos ofrece consejos sobre cómo estudiar y memorizar información para el BMAT, el examen de admisión para las escuelas de Medicina en el Reino Unido.

Ali hizo videos sobre cómo abordar las secciones 1 y 2 del examen y luego sobre cómo prepararse para una entrevista en la Escuela de Medicina. Su audiencia creció porque había un grupo específico de personas desesperadas por tener acceso al conocimiento y experiencia de Ali para resolver un problema específico que enfrentaban.

Actualmente, Ali es una estrella masiva en YouTube. Tiene más de 4.4 millones de suscriptores y gana más de 400 000 dólares al mes.

Ali, además de ser es uno de los creadores de contenido que tiene más respeto en YouTube, es una gran guía para el proceso de cómo formar una audiencia, ¡así que analicemos su estrategia para que todos podamos replicarla!

Ali usa lo que yo llamo **estructura de contenido para círculos.** La idea principal es empezar con temas específicos dirigidos a un círculo muy pequeño de fanáticos entusiastas y luego expandir poco a poco tu contenido para influir en círculos más extensos.

Estos son los tres pasos de la estrategia:

1. **Círculo central:** Empieza con una audiencia muy específica. Ali comenzó con los exámenes de ingreso a la Escuela de Medicina para personas británicas. Tu nicho dentro de otro nicho puede ser lo más oscuro que te puedas imaginar, lo único que importa es que te apasione a ti y a tu público.
2. **Círculo medio:** A medida que crezcas, asegúrate de que tu contenido aún resuene con tu círculo central, pero que también atraiga a un público más amplio. Ali, por ejemplo, empezó a

hablar de técnicas de estudio y de productividad en general, útiles para los estudiantes de cualquier disciplina.

3. **Círculo extendido:** Aquí tratarás de alcanzar a la mayor audiencia posible que todavía se interese y relacione con tu contenido. Algunos de los videos más vistos de Ali abordan su salario competitivo gracias a la fama alcanzada con sus videos sobre los estudios de Medicina o sobre el producto más reciente de Apple que utiliza para aumentar su productividad. Todos los círculos deberán incluir a tu audiencia central, pero deberán expandir el alcance de tu influencia.

A continuación, te daré más ejemplos de personas que usaron la **estructura de contenido para círculos.**

Dustin Wunderlich, de Dustin's Fish Tanks, empezó haciendo reseñas de peceras. ¿Y sabes qué? Descubrió que existe un verdadero público interesado en este tema. Con el tiempo, se extendió a todos los aspectos relacionados con los peces, como qué tipo de peces comprar para deshacerte de las algas en tu pecera y cuáles son las mejores plantas para acuarios. Ahora tiene 150 000 usuarios y un negocio en línea de un millón de dólares en el que vende suministros para acuarios.

Luego tenemos a Kyle Lasota en Austin, creador del increíble canal de YouTube kylegotcamera. A Kyle le interesa el *biohacking*, una serie de técnicas para mejorar la energía corporal y mental, y hace reseñas de inmersiones en agua fría, terapia con luz roja, saunas, aparatos para mejorar el sueño, suplementos alimenticios, etcétera. A pesar de que su audiencia es más bien modesta, pues solo tiene 16 000 suscriptores, ha logrado conectarse de forma muy estrecha con su comunidad más cercana, lo que permite que, aunque sus videos solo tengan 400 visitas, él pueda generar un millón de dólares al año por ventas afiliadas. Kyle conoce bien a los integrantes de su círculo central y ¡ellos lo aman!

Tomemos un ejemplo fuera de línea. Andy Schneider, también conocido como el *Chicken Whisperer*, o el encantador de pollos, amaba criar pollos en el patio trasero de su casa en las afueras de Atlanta. Como la gente no dejaba de pedirle información y consejos para criar sus propios pollos, empezó a organizar reuniones regulares para hablar de cómo criar pollos en un patio. Era como estar en un video de YouTube, ¡pero en la vida real! Cinco años después, Schneider ya tenía un programa de radio, una revista y un libro, y actualmente viaja por todo Estados Unidos para impartir talleres. Por supuesto, ha ganado cientos de miles de dólares, pero todo empezó cuando se le ocurrió servir a un nicho dentro de otro nicho: granjeros que solo contaban con un patio, pero querían criar pollos.

Empieza por identificar un valor que le interese a un grupo específico de individuos (tu círculo central) y conviértete en una fuente confiable de información para ellos. Esta es la fórmula: **el resultado que ofrecerás + tu mercado objetivo.**

A continuación, te presento un ejemplo de cómo una empresa de limpieza del hogar puede aplicar la estrategia de contenido para círculos:

- **Círculo central:** Cómo limpiar tu climatizador evaporativo + en el suroeste de Estados Unidos.
- **Círculo medio:** Cómo elegir detergentes para lavar ropa + gente que acaba de comprar su primera casa.
- **Círculo extendido:** Las diez mejores aspiradoras + para la familia.

Una vez que hayas encontrado tus resultados y tu mercado, deberás encontrar tu perspectiva única. Para averiguarla, pregúntate lo siguiente:

- ¿Hay algo que todos crean que es correcto, pero que a ti te parezca erróneo?, ¿qué es?
- ¿Existe algún tema específico sobre el que nadie en tu mercado objetivo esté hablando, pero que debería tratarse?
- ¿Cuáles son los mayores errores que comete la gente en tu mercado sin darse cuenta?

A fin de cuentas, lo que tu audiencia quiere es obtener conocimientos relevantes, útiles y sorprendentes gracias a ti mientras te acompaña en tu trayectoria.

DESAFÍO

Crea tu propio contenido para círculos

Piensa en tu etapa de validación: ¿a qué clientes quieres atraer y qué resultados puedes lograr con tu contenido? ¿Qué perspectiva única refleja tu contenido? ¿Esa perspectiva emociona a tu audiencia?

Fórmula = resultados que darás + mercado objetivo
Círculo central:

____

____

Círculo medio:

____

____

Círculo extendido:

____

____

Sé el guía, no el gurú

Una lección que he aprendido tras grabar miles de videos para YouTube es que **la gente no quiere que un gurú sabelotodo le dé un sermón, quiere unirse a un guía.** Esta es la razón por la que yo publico tantos videos en los que revelo los principios básicos y los detalles de mis procesos.

Ali es un genio en esto. En lugar de usar el típico "¿Cómo hacer…", los títulos de sus videos casi siempre empiezan con: "¿Cómo hice…", y en ellos guía a su audiencia y les permite a los espectadores ver cómo estudia para los exámenes para ingresar a la Escuela de Medicina, cómo toma notas en su iPad Pro o cómo aprendió a mecanografiar a toda velocidad.

El objetivo es documentar lo que tú haces, no lo que crees que todos los demás deberían hacer. Cuando te posicionas como una persona que se encuentra en un viaje y documentas tanto tu proceso como tu progreso, la gente se puede relacionar e identificar contigo, que es justo lo que busca. Algunos de mis videos más populares me muestran fracasando. Me parece fascinante que la gente prefiera ver lo que en realidad está sucediendo, no los fragmentos destacados que creemos que le interesará.

Si crees que no tienes nada que valga la pena documentar, tal vez te equivoques. No importa si tienes un aburrido empleo de oficina o un pasatiempo original, siempre habrá aspectos de tu proceso que capturarán el interés del público.

Un ejemplo de ello es el canal de YouTube Matt's Off-Road Recovery, que cuenta con 1.4 millones de suscriptores. En sus videos solo se ve a Matt realizando su trabajo, usando su grúa para ayudarle a gente que se quedó atascada, pero lo hace de una manera entretenida e instructiva.

Lo mejor de convertirte en el guía de tu audiencia es que suscitas en la gente el deseo de interactuar contigo. Es por esta razón que, con cierta regularidad, realizo un proceso de creación conjunta con mi audiencia. En los negocios, es el equivalente a los desafíos que los estudiantes se imponen entre sí durante el recreo. Como aquella vez que reté a mi grupo de Monthly1K a que me diera una idea de negocios para validar, que se convirtió en Sumo Jerky. Solicito a la audiencia que me proponga un reto difícil; luego me encargo de realizarlo.

Involucrar a tu audiencia ayuda a que se sienta como una parte integral del programa, lo que aumenta las probabilidades de que interactúe con tus videos. La interacción, a su vez, impulsa tu contenido, lo eleva en las clasificaciones y, finalmente, el ascenso atrae a más suscriptores.

Devin Stone, de LegalEagle, es un genio en esta estrategia de promover la participación de la audiencia: anima a la gente a "pensar como abogado". Les pide que escriban sus comentarios en forma de objeciones que luego él acepta o deniega en el mismo hilo.

DESAFÍO

Publica contenido

Llegó el momento de publicar contenido.

Puedes hacerlo en cualquier formato. Ya sabes que adoro YouTube, pero, como habrás notado, hay distintos nichos en las plataformas. Puedes crear contenido en forma de video para YouTube, un hilo en Twitter o una publicación en un blog. De hecho, ya empezaste a hacerlo al principio de este capítulo.

- Piensa en la singularidad de tu visión: el ingrediente secreto que nadie más tiene.
- Elige la plataforma en la que vas a publicar.
- Define el círculo central para el que crearás contenido, es decir, esa modesta audiencia a la que te dirigirás con la precisión de un láser.
- Publica hoy mismo.

Sin duda, el último punto es el más desafiante. No te preocupes por los guiones, el equipo de video o si el contenido generará visitas. Lo importante es dar el primer paso para empezar a formar tu comunidad.

Ahora te mostraré cómo transformar a tu comunidad en clientes a través de una lista de correo electrónico.

CAPÍTULO 7

...los correos electrónicos son para la rentabilidad

USA LOS CORREOS ELECTRÓNICOS PARA GENERAR UNA MALDITA TONELADA DE DINERO

El día en que AppSumo ganó 10 000 dólares empezó con un correo electrónico sobre... una erección.

Apenas estaba construyendo la aplicación y el negocio entero se basaba en enviar a los suscriptores correos electrónicos con ofertas increíbles.

En ese entonces, los mensajes de correo los escribía junto con un chico búlgaro de 17 años, llamado Nikola, que no hablaba muy bien inglés (¡no te ofendas, Nikola!). Cada correo electrónico nos generaba alrededor de 100 dólares, y el más rentable hasta ese momento nos había producido 1 000 dólares. Estaba justo donde tú te encuentras ahora: apenas comenzando.

Luego, mi amigo Neville Medhora empezó a insistir en que le permitiera escribir uno de nuestros correos. Neville era redactor creativo y estaba convencido de que la gente ignoraba los correos de AppSumo porque en ellos siempre tratábamos de "vender, vender, vender". Me explicó que los empresarios que enviaban una historia atractiva vendían más.

Yo me sentía escéptico respecto a la "magia" de la historia, me parecía que mis correos eran decorosos, que los dirigía a la gente adecuada y que AppSumo crecería. Pero supuse que no perdería nada si le daba una oportunidad a Neville, así que le permití redactar el mensaje de nuestra siguiente oferta, una aplicación llamada Kernest, la cual ofrecía soluciones para la elección de fuentes tipográficas, un tema sobre el que yo no sabía nada.

Normalmente, Nikola habría escrito: "Este producto está en oferta y usted podrá ahorrar ¡1 000 dólares!", luego habríamos añadido un botón de compra, ¡y listo! Era solo un mensaje que le decía al cliente: "¡Compre!", nada más.

Sin embargo, una hora después de que le di mi autorización a Neville, me envió el borrador del mensaje, y lo que leí cambió por completo mi visión sobre la manera en que los emprendedores deberían interactuar con sus clientes.

Empezaba con una frase que nunca olvidaré:

"Si oírme susurrar en tu oído la palabra 'Garamond' te provoca una erección … esto podría interesarte".

Yo no tenía idea de lo que era Garamond, pero, después de esa frase, el mensaje se volvía cada vez más entretenido y cautivador. Les contaba a los clientes que yo había tenido una graciosa batalla con las fuentes tipográficas, pero que ellos podrían eludirla gracias a Kernest.

Neville relató una extensa anécdota sobre la fascinación de Steve Jobs con las fuentes, en especial con Helvetica, con la que desarrolló una apasionada relación. Era una historia tonta, pero le permitía al lector entender la situación desde mi perspectiva.

En realidad, la oferta económica no era mejor que las de mis correos anteriores, pero la redacción creativa de Neville marcaba una diferencia. Al leer el mensaje sentías que había una persona real en la página, alguien que enfrentaba problemas, contaba chistes, se reía y enseñaba.

Esto provocó que…

…mi lista de correo electrónico se enamorara de mi nuevo "yo".

¡En 24 horas obtuvimos ganancias de 9 563 dólares! El simple hecho de crear una personalidad e incluirla en el correo ¡nos hizo ganar 100 veces más dinero!

Este es el correo final que enviamos (tuvimos que eliminar la palabra "erección" debido a los filtros de obscenidad en los correos corporativos):

ASUNTO: Al principio, a Steve Jobs le obsesionaba la tipografía
PARA: <testy3@okdork.com>
DE: AppSumo <noah@appsumo.com>

Te voy a ahorrar mucho tiempo

Si los nombres "Lucida Sans Unicode" o "Courier New" no significan nada para ti, cierra este mensaje.

Verás, hoy solo estamos contactando a la comunidad de fanáticos de las fuentes tipográficas.

Sí, ¡ustedes saben quiénes son!

Si las rodillas te empiezan a temblar cuando susurro "GARAMOND" en tu oído... quizá formas parte de este grupo.

Aunque en público te presentes como diseñador o desarrollador, en privado sabemos que te excita la elegancia de las curvas de Verdana ... y por eso estamos aquí hoy.

Steve Jobs describió así su obsesión con la hermosura de la tipografía:

"Aprendí todo sobre los tipos Serif y Sans Serif. Sobre cómo variar el espacio entre las distintas combinaciones de letras. Sobre lo que hace que una tipografía sea extraordinaria. Era hermoso, histórico, artísticamente sutil, de una manera que la ciencia no puede capturar... y me resultó fascinante". —Steve Jobs

Si, como Jobs, anhelas más y más fuentes cada mes, aquí tienes la solución:

Kernest.

¿Escuchaste? Dije: KERNEST!

Se requiere de una mirada obsesiva para saber qué fuentes funcionan bien juntas, pero Kernest te entregará cada mes una nueva combinación... junto con resaltado HTML y CSS.

Tal vez eres como yo:

Percibes cuando algo "se ve genial", pero a veces no sabes POR QUÉ.

Yo tengo este problema. Puedo identificar cuando la página de un sitio se ve "pulcra", pero me resulta imposible saber por qué mi "Franken-sitio" parece un monstruo reconstruido. Muy a menudo, se debe a la tipografía. Cuando mezclo Arial 12 con Tahoma 36, por alguna razón no funciona... y ni siquiera me pidas que empiece a hablar de los esquemas de color...

Una vez más, Kernest viene al rescate.

Cuando recibas tus nuevas fuentes, te alegrará descubrir que no tendrás que ajustarlas... Están listas para implementarse porque el Todopoderoso Kernest se ha hecho cargo del extenuante proceso del maridaje tipográfico.

Casi nada en la vida es gratis, y no esperes que Kernest lo sea.

Kernest cobra 15 dólares mensuales por ofrecer combinaciones tipográficas seleccionadas con meticuloso cuidado. Esto, mi estimado AppSumolita, equivale a...

180 dólares al año.

Es un precio justo por hacer que las rodillas de tus clientes tiemblen al ver tu asombroso trabajo.

Sin embargo, este precio total hace enojar a AppSumo (y le provoca hambre).

Hemos convencido a Kernest (mediante intimidación y fuerza) para que ofrezca una membresía de por vida a un precio inferior al anual.

Esto significa que no habrá cargos mensuales, anuales ni de manutención. NADA de por vida. Solo mágicas combinaciones de fuentes mes a mes, maridajes capaces de revivir un proyecto feo con la belleza de la tipografía.

Como lo habrás descubierto en las promociones anteriores de AppSumo, siempre hay gente que llega tarde, llorando y suplicando que se le permita comprar a pesar de que la oferta haya expirado.

Pero la cuenta regresiva en el temporizador de AppSumo es inflexible.

Si eres diseñador, actúa AHORA para destacar en un mar de diseños insípidos y mantenerte a la vanguardia. Obtén tu membresía vitalicia de Kernest aquí:

KERNEST

P. D.: También amenazamos, quise decir, convencimos a Kernest de que a cada suscriptor vitalicio de esta oferta se le envíen las combinaciones tipográficas de los últimos CUATRO meses. Las recibirás en cuanto te inscribas.

Solo quedan 48 horas.

Tu amigo,

@NoahKagan

Una mala broma y un incremento del 100% en ingresos me hicieron reconsiderar cómo me comunicaba con mi lista de correos electrónicos. Este mensaje no solo era útil, sino también divertido. Se ha demostrado de forma reiterada que las ventas aumentan cuando las personas que venden se están divirtiendo.

En los 15 años previos al lanzamiento de AppSumo, aprendí cómo cultivar una audiencia masiva. Lo logré a través de OkDork y con acciones muy simples: promoví a gente interesante, compartí mis pasiones, interactué con mis seguidores y, en general, fui auténtico mientras me divertía horrores.

Sin embargo, en algún momento en el camino llegué a creer que el nerd entusiasta que se enfocaba en formar una audiencia y el Noah enfocado en los negocios tenían que mantenerse separados.

Hasta que no tuve esta experiencia que me permitió ganar 10 000 dólares, no apliqué en mis negocios la capacidad que tenía para construir audiencias permanentes. Cada vez que lanzaba un nuevo producto o negocio, empezaba a construir desde cero, como si sufriera de amnesia.

El correo electrónico de Neville transformó este enfoque. Me permitió integrar mi personalidad en mis estrategias de marketing y ventas.

Más importante aún, me abrió los ojos y me reveló el peculiar poder del marketing por correo electrónico. Así comprendí que las redes sociales, contar historias y escribir correos podían crear negocios de dimensiones enormes.

En el capítulo 6, aprendiste a construir una audiencia en redes sociales sin costo alguno y descubriste cómo atraer a tus seguidores mediante una generosidad que fomentará su apoyo y aliento hacia tu éxito. Ahora llevarás a esa audiencia a tu "cajero automático", es decir, a tu lista de correo electrónico. Esto te permitirá mantener un contacto directo y constante con las personas, así como transformarlas de simples seguidores a clientes reales. Te voy a mostrar un sencillo proceso de cuatro pasos para transformar a tu audiencia en una fuente inagotable de ingresos, ya que eso es precisamente lo que representa una lista de correo vibrante e involucrada en tu proyecto.

¿Estás listo? ¡Aquí vamos!

En este capítulo, aprenderás a:

- Usar contenido útil y gratuito para entusiasmar a la gente y animarla a inscribirse en tu lista.
- Crear y promocionar una página de inicio simple pero efectiva en diversas plataformas.
- Automatizar tu sistema de correos electrónicos para que envíe mensajes a los nuevos suscriptores las 24 horas del día.

Tu lista de correo electrónico es poder

¿Cuál de estas opciones es la más valiosa para tu negocio?

a. 100 suscriptores en la lista de correo electrónico.
b. 1 000 suscriptores en tu canal de YouTube.
c. 10 000 seguidores en Instagram.

El correo electrónico es el rey y la reina de la comunicación con los clientes.

La respuesta podría sorprenderte, pero es a. **El correo electrónico es el rey y la reina de la comunicación con los clientes.**

El correo electrónico es el canal más valioso porque te permite ser propietario de la distribución y de la comunicación con tus clientes y no tienes que someterte a los volubles algoritmos de otras plataformas.

¿Sigues dudando? Permíteme darte seis razones por las que el correo electrónico es el mejor:

1. Mi empresa AppSumo genera 65 millones de dólares al año en transacciones. ¿Y sabes qué? Casi el 50% proviene del correo electrónico. Este porcentaje ha sido constante durante más de 10 años.
2. ¿No me crees? Tengo 120 000 seguidores en Twitter, 750 000 suscriptores en YouTube y 150 000 fans en TikTok, y los cambiaría a todos por mis 100 000 suscriptores de correo electrónico. ¿Por qué? Porque cada vez que envío un correo, 40 000 personas lo abren y consumen mi contenido. No tengo que esperar a que los dioses de las plataformas me permitan llegar a ellas. En las otras plataformas, entre 100 y un millón de personas podrían prestarle atención a mi contenido, pero las cifras no son constantes ni están bajo mi control.
3. Sé lo que estás pensando: "Ay, vamos, Noah, el correo electrónico está muerto". Ahora pregúntate, ¿cuándo fue la última vez que revisaste el tuyo? Exacto. ¡Más de 4 000 millones de personas usan el correo electrónico de una manera obsesiva! Es el medio de comunicación más amplio para establecer contacto a gran escala en la actualidad. ¡Alrededor del 89% de la gente revisa su correo todos los días!

4. Las redes sociales deciden quién y cuánta gente te ve. Basta con que le hagan una modificación menor al algoritmo y estás frito. ¿Recuerdas al editor digital LittleThings? Descuida, nadie se acuerda de todas formas. En 2018, cerró tras perder el 75% de sus 20 millones de visitantes mensuales debido a un cambio en el algoritmo de Facebook. Joe Speiser, su director ejecutivo, afirmó que esto aniquiló su negocio y le causó pérdidas de 100 millones de dólares.
5. Tú eres el dueño vitalicio de tu lista de correos electrónicos. Si AppSumo cerrara mañana, me llevaría mi lista de correos, mi póliza de seguro, mi dulce y querida bebé, porque es mía y facilitaría cualquier emprendimiento que decidiera iniciar.
6. Además, expandir tu lista o comunicarte con tus suscriptores no implica un costo significativo, mientras que los anuncios en Facebook o Google requieren un gasto constante.

Para ser franco, el mayor arrepentimiento de casi todos los empresarios que conozco es: "Ojalá hubiera empezado a integrar mi lista de correo antes". No formes parte de este grupo. El marketing por correo electrónico tiene que convertirse en tu nuevo mejor amigo.

La única forma de monetizar de manera constante cualquier audiencia que construyas, sin importar dónde, es a través del correo electrónico. Esto significa que si no consigues las direcciones de correo de la gente, en realidad no estás "conformando una audiencia". No importa cuántas plataformas nuevas de redes sociales surjan, el correo electrónico seguirá siendo el canal más poderoso para fortalecer tu relación con tu audiencia.

Incluso si no tienes un negocio en este momento, lo mejor será que empieces a crear tu lista de correo ahora. Así, cuando tengas un negocio, contarás con un grupo confiable de gente que querrá ayudarte.

Solo me queda un punto vital por señalar antes de seguir adelante: la importancia de tener una lista de personas que te quieran ver triunfar. El tamaño no es el indicador más adecuado para evaluar la calidad de una lista de correo electrónico, pues no tiene ningún caso tener 100 000 suscriptores si no le interesas a ninguno.

Uno de los primeros clientes de mi gran amigo Charlie Hoehn (ha trabajado para Tim Ferriss, Ramit Sethi y Tucker Max) fue un magnate de los bienes raíces que compró una lista de correo electrónico con un millón de suscriptores para promocionar su libro. La lista estaba compuesta por personas que se habían registrado para recibir descuentos en cadenas de tiendas minoristas y restaurantes, y no tenía absolutamente nada que ver con el magnate. Charlie envió una secuencia de cinco correos y menos de 100 personas los abrieron. Insisto, se trata de calidad, no de cantidad.

¿Qué porcentaje de tu lista abre todos tus correos porque realmente te conoce y confía en ti? **Una lista de correo electrónico saludable tiene una tasa de apertura de mensajes del 20%. Enfócate en esta cifra.**

El verdadero poder del correo electrónico reside en tener un vínculo con tus suscriptores que los motive a abrir tus mensajes, no en el tamaño de la lista.

La gran pregunta es: ¿cómo conseguir tus primeros suscriptores? Permíteme mostrarte.

Configura una página de inicio

Tu audiencia necesita ir a un lugar preciso para unirse a tu lista de correo electrónico, aunque técnicamente podrías empezar la lista enviando mensajes a través de Gmail o de tu proveedor local de servicios de correo... bueno, yo solo decía. La verdad es que las empresas, los mercadólogos, los empresarios y los creadores de contenido lo hacen al enviar a sus audiencias a una página de inicio.

Julien Marion, un estudiante de mi curso Monthly1K, creó una página de para su negocio, Sleep Sumo, que ayuda a la gente a dormir mejor.

¡Eso es! Proporcióname tu dirección de correo electrónico y te daré un recurso adicional: un consejo gratuito semanal para mejorar la calidad de tu sueño. Así de simple.

Una página de inicio es un sitio web que incluye una imagen, unas pocas palabras y un campo donde los visitantes pueden ingresar su dirección de correo electrónico para recibir noticias del negocio. Aquí puedes ofrecer contenido adicional o bonus que acabas de crear, también conocido como *lead magnet*, que es un imán para atraer *leads* (clientes potenciales o prospectos). Consulta la siguiente página.

Tu sitio web solo necesita cumplir dos funciones: comunicar una propuesta de valor y ofrecer un método para capturar direcciones de correo electrónico.

La página de inicio de Sleep Sumo, creada por Julien.

DESAFÍO

Construye tu página de inicio

Con SendFox.com, puedes configurar de forma gratuita una página como la de Julien (un servicio que ayudé a construir). También existen otros servicios, como Mailchimp.com, Webflow.com o ConvertKit.com.

Visita MillionDollarWeekend.com para ver más ejemplos de páginas de inicio.

Consigue tus primeros 100 suscriptores de correo electrónico

De 0 a 10—Los 10 soñados

¿Cuál es la manera más sencilla de empezar a construir tu lista? Usa tu red existente.

Sí, tus 10 soñados. Son las personas que te conocen y a quienes les interesas. Los miembros de esta audiencia profundamente comprometida están ansiosos por visitar tu sitio web, suscribirse y compartir tu contenido. Son tu herramienta más poderosa para iniciar una reacción en cadena que atraiga a más suscriptores.

Mi mamá, mi hermano y mis amigos cercanos forman parte de mi lista. Siempre revisa qué activos y redes tienes disponibles antes de llegar a desconocidos.

Puedes utilizar esta plantilla, como lo hizo Bryan Harris, un antiguo estudiante de mi curso Monthly1K. Desde entonces, ha logrado acumular más de 10 000 suscriptores en Videofruit. Él envió a sus 10 soñados y a otros contactos el siguiente mensaje:

¡Hola [nombre]!

Solo quería informarte que estoy comenzando [descripción de tu nuevo negocio].

Voy a publicar [un artículo por semana/un consejo semanal] sobre cómo [tema].

¿Esto te interesa?

¡Puedes inscribirte aquí de una manera muy sencilla! [Inserta la dirección de tu página de inicio]. O solo responde a este correo con: "Sí, amigo, quiero inscribirme", ¡y lo haré por ti!

¡Espero que todo vaya bien!

[Tu nombre]

¡Eso es todo! Si tus contactos responden con un sí, que es lo más probable porque te conocen, agrega su dirección en tu lista de suscriptores.

11 a 50—Lazy marketing

Ahora que tienes tu página de inicio, deberás publicitarla. Obviamente, ya lo estás haciendo al incluirla en las llamadas a la acción (*call to action*) de tus videos, tiktoks o dondequiera que te promociones en línea, así como en las descripciones correspondientes. Sin embargo, si añades un enlace a tu página en todos los puntos de contacto con tu audiencia, puedes ir mucho más lejos. Esto implica incluir la dirección de tu página en tu:

- Firma de correo electrónico
- Semblanza en Twitter, LinkedIn, TikTok, Instagram y Facebook

Estos espacios ofrecen más apalancamiento de lo que la gente piensa. Una persona envía en promedio cerca de 40 correos electrónicos diarios. Eso significa que todos los días tienes la oportunidad de colocar la dirección de tu nueva página en por lo menos 40 mensajes de correo electrónico.

¡Es como tener 40 boletos de lotería con probabilidades de ganar por encima del promedio!

Solo diviértete como yo lo hice aquí:

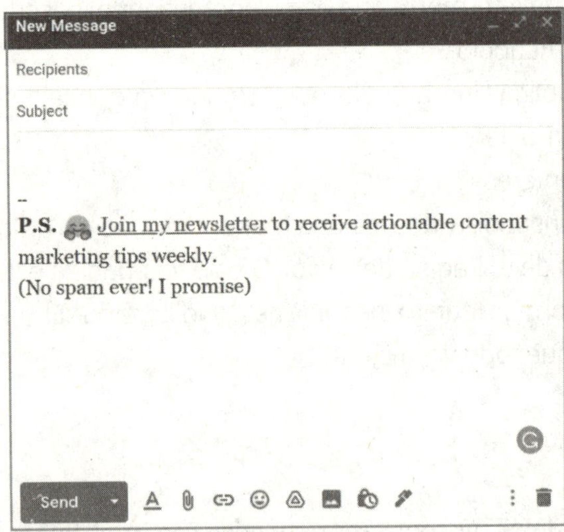

Una firma de correo electrónico real que usé para aumentar mi lista.

(Cuando añadas tu página de inicio a tu correo electrónico y tu biografía en redes sociales, podrás medir el tráfico y la tasa de conversión de estas menciones con Bitly.com o Linktree.com, dos acortadores de direcciones web que también rastrean los clics.)

DESAFÍO

Actualiza tu firma de correo electrónico
y tu biografía en redes sociales

Añade la dirección de tu página a tu nueva firma de correo electrónico y a tu biografía de redes sociales. Envíame un enlace a tu nueva página en twitter.com/noahkagan. ¡Me encantaría saber de ti!

51 a 100—Publica en tus lugares

Ya cuentas con presencia social. Ha llegado el momento de publicar una versión modificada del correo electrónico que te presenté. Deberás hacerlo en Facebook, Snapchat, Twitter, grupos de Reddit o donde sea que estés activo.

Hola a todos:
Estoy empezando un boletín "semanal" sobre [tema].
Visiten website.com para unirse al boletín.

Publicar en tus plataformas más importantes debería aumentar tu lista de suscriptores hasta cerca de 100.

Usa referidos para incrementar tu lista. Solicita a tus familiares y amigos que refieran a una persona que consideren interesada en tu boletín. Entre más específico seas al describir a la persona, más les facilitarás la tarea. Piensa, por ejemplo, en lo que hice para Sumo Jerky:

"¿Conoces a alguien responsable de las compras en su oficina y que le guste reír?".

No olvides incluir a tus compañeros de trabajo. Sé que en ese caso podría haber conflictos, pero seguro tienes más amigos de los que crees, ¡más gente que quiere apoyarte!

Cómo crecer más allá de tus primeros suscriptores

Chris Von Wilpert se encontraba en el proceso de fundar una agencia de marketing de contenidos. Sabía que la empresa de software de marketing HubSpot ocupaba el quinto lugar mundial en tráfico dentro del ámbito del marketing en línea y representaba un foco considerable de interés para los profesionales del marketing, su base de clientes potenciales, así que decidió implementar un plan:

1. Escribir una entrada de blog donde analizaba en extremo detalle las lecciones aprendidas y el éxito de la estrategia de marketing de contenidos de HubSpot. Pasó 40 horas trabajando en esto.
2. Promocionar la publicación a través de redes sociales y otros canales relevantes para alcanzar a su clientela ideal.
3. Incluir un llamado a la acción al final de la entrada para invitar a los lectores a inscribirse y recibir una compilación de técnicas de crecimiento que él mismo había preparado.

Después de la intensa difusión de Chris, 5 000 personas vieron la publicación que desmenuzaba el éxito de HubSpot. ¡En menos de dos semanas, su lista de correo electrónico creció de 0 a más de 1 000 suscriptores! El simple hecho de generar contenido gratuito de alta calidad y motivar a los lectores con un *lead magnet*, que, en este caso, fue la hoja de cálculo con consejos de crecimiento que se ofreció sin costo a los suscriptores, ¡funcionó de maravilla!

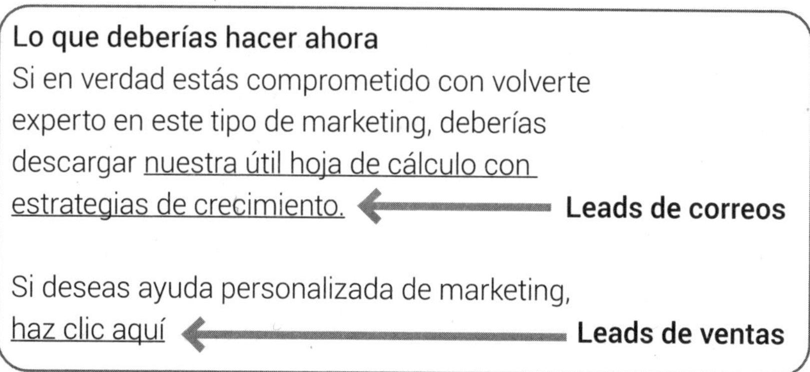

Los imanes de clientes potenciales de Chris.

Yo fui una de las personas que leyó la publicación de Chris. Quedé tan impresionado tanto por su análisis como por su habilidad para conectar con la audiencia que lo contacté de forma directa:

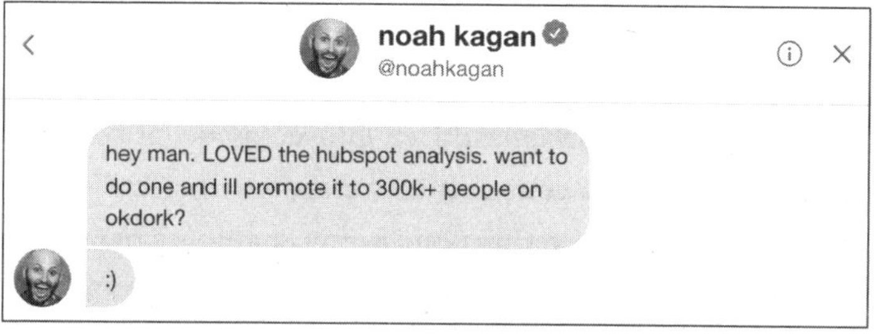

Al final, esto se convirtió en un pago de 100 000 dólares para Chris, porque después de pedirle que desglosara la estrategia de crecimiento de otra empresa para mi OkDork y se convirtiera en la publicación más compartida de mi blog de todos los tiempos, le ofrecí 100 000 dólares para que viviera en nuestras oficinas de Austin durante seis meses y ejecutara su estrategia de marketing de contenidos para AppSumo. ¡Hablo en serio!

Utilizar un *lead magnet* les da a las personas un incentivo para unirse a tu lista de correos electrónicos en lugar de solo pedirles que se inscriban.

Ahora bien, no todos los imanes de clientes potenciales tienen que involucrar el nivel de complejidad y dedicación que el de Chris. Hay contenido mucho más modesto que, combinado con ofertas adicionales atractivas, puede impulsar de manera significativa las suscripciones a tu lista.

Te presentaré cuatro ejemplos de imanes de clientes potenciales que yo uso:

- Una lista de pendientes para ejecutar correctamente algo que expliqué en un video.
- Una plantilla para calcular, por ejemplo, el margen de ganancias de un negocio.
- Una guía avanzada que profundice en un tema abordado en uno de mis videos.
- Un libro que provea valor sustancial, pero que sea gratuito. En mi caso, es *11 Side Hustle Ideas to Make $500/Day from Your Phone*.

Que un incentivo para decidir inscribirse sea apropiado dependerá de tu contenido. Aquí tienes otros tipos de ejemplos:

- Un carpintero especializado en proyectos de bricolaje podría ofrecer planos para construir una mesa esquinera.
- Un *youtuber* de marketing podría ofrecer guiones para optimizar las llamadas telefónicas de ventas.
- Un experto en jardinería y urbanismo podría sugerir recomendaciones sobre qué tipo de pasto usar en Estados Unidos.

El youtuber NickTrue, de Mapped Out Money, quien crea tutoriales en video sobre cómo utilizar el software de presupuestos personales YNAB, notó que obtenía las tasas de inscripción más altas cuando ofrecía una lista de pendientes relacionada con un video. A sus seguidores les encanta tener una herramienta que les permita poner en práctica sus consejos.

Jess Dante, de Love and London, dirige un canal de YouTube que asesora a los espectadores a planear sus viajes a Londres y les sugiere tiendas y restaurantes poco conocidos para visitar. Su increíble incentivo para motivar a la gente a inscribirse es la guía gratuita *London 101*, que incluye todo lo que un visitante primerizo necesita saber. La guía ha sido descargada más de 45 000 veces.

Otro factor que también impactará el éxito de tu lista de correo electrónico es la ubicación de tu llamada a la acción, la cual se puede hacer de muchas maneras y añadirse en diferentes partes de tus videos.

Una de las mejores estrategias es crear un breve e interesante señuelo en el que menciones el material o fuente adicional que ofrecerás en el video de YouTube, e indicar a la audiencia dónde pueden obtener más información.

DESAFÍO

Crea un *lead magnet*

Llegó la hora de hacer tu primer *lead magnet* o imán de posibles clientes mediante el proceso que acabo de explicar. Puedes aprovechar el contenido que desarrollaste en el capítulo anterior o comenzar una nueva propuesta. No inviertas más de dos horas en la primera iteración. Si tienes la intención de ampliar este recurso más adelante, genial, pero empieza de a poco.

¡Visita MillionDollarWeekend.com para obtener plantillas de *lead magnets*! (¿Notaste lo que acabo de hacer aquí?)

Ahora que tienes una lista de correos electrónicos que empieza a crecer, vamos a habilitarla para que trabaje para ti las 24 horas del día, los siete días de la semana.

Configura tu caja registradora

¿Qué es lo primero que haces después de leer un libro que te pareció excelente? Buscas otros libros del mismo autor, ¿cierto? El punto es que, si a la gente le agrada lo que ofreces, querrá más.

Cuando tu cliente está interactuando con tu negocio o acaba de descubrirlo, es cuando está más emocionado. Por eso, debes aprovechar ese instante, canalizarlo hacia otras experiencias contigo y no dejarlo ir. Porque el cliente te quiere a ti.

Entonces, ¿qué significa esto? Significa que, en lugar de esperar una semana o más para enviar el primer correo electrónico tras la suscripción, puedes configurar un autorrespondedor y contactarlo de inmediato. Y, mejor aún, envíale tus mejores materiales para asegurarte de que tenga una experiencia extraordinaria cuando reciba tus correos.

Un autorrespondedor es una herramienta que envía de forma automática un correo o una secuencia de correos electrónicos a grupos específicos de personas en respuesta a un comportamiento particular. En este caso, enviaría un correo a tus nuevos suscriptores en cuanto se inscriban al boletín desde tu página de inicio para recibir las noticias de tu negocio.

Piensa en el autorrespondedor como un asistente personal que trabaja 24 horas al día de manera, digamos, gratuita. Pero no te sientas mal, ¡a él no le molesta!

Todos los proveedores de correo electrónico tienen un autorrespondedor. De nuevo te recomiendo SendFox.com, aunque también puedes usar Mailchimp.com o ConvertKit.com.

A continuación, te muestro la progresión de tres pasos que más me ha funcionado en el envío de correos electrónicos:

1. Correo de bienvenida

ASUNTO: Eres increíble

¡Gracias por unirte a OkDork, eres increíble!

A lo largo de 17 años de trabajo en línea he aprendido algunas cosas:

- Ocupé el puesto #30 en Facebook y ayudé a lanzar la aplicación móvil, las actualizaciones de estatus y más.
- Alcancé el puesto #4 en Mint y lideré su crecimiento hasta alcanzar un millón de usuarios en un año.

- Fundé AppSumo, que ahora genera $85M al año.

Y ahora, quiero ayudarte en tu viaje hacia la vida que deseas vivir.
¿Qué podría escribir para ofrecerte valor?
Con cariño
Noah Kagan, "el tacos"

2. Correo de conexión

ASUNTO: Conéctate conmigo en LinkedIn
Hola, amigo:
Envíame una solicitud para conectarnos en LinkedIn y compartir nuestros contactos, profundizar en nuestras ideas de marketing, hablar de startups y mucho más...
Abrazos,
Noah

3. Correo de contenido

ASUNTO: Empieza un negocio de ocho cifras con 50 dólares
En marzo de 2010, inicié AppSumo.
La primera versión del sitio la lancé con 50 dólares en un fin de semana. Fue sencillo.
Ahora, 12 años después, Sumo Group es un negocio de ocho cifras.
Empezar un negocio puede ser difícil, pero me gustaría enseñarte una manera sencilla de hacerlo:
Aquí te explico como construí AppSumo.com con 50 dólares.
Disfrútalo,
Noah

En primer lugar, el correo de bienvenida es justo eso: un gran abrazo de oso para recibir a tu nuevo suscriptor, expresarle cuánto te alegra que se haya unido a tu grupo de piratas y explicarle el tipo de información que le estarás enviando.

Recuerda que esta bienvenida le llegará en el momento en que más dispuesto estará a participar en tu negocio. Por eso, cada vez que alguien se une a mi lista, en el correo de bienvenida le pregunto: "¿Qué podría escribir para aportarte valor?". Esto no solo te proporcionará una gran cantidad de ideas para contenido, sino que también te permitirá conocer con exactitud lo que tus suscriptores desean.

Un aspecto muy importante aquí es el marketing "uno a uno", que implica un vínculo personal con cada nuevo suscriptor. Cuando comienzas, todas las personas son importantes. Bueno, en realidad, todos los miembros de tu audiencia siempre serán valiosos, pero es crucial responder directamente a cada nuevo suscriptor, en especial al principio. Yo continúo haciendo esto en casi todos los correos electrónicos y lo hice con la mayoría de los comentarios que recibí cuando estuve en YouTube.

En segundo lugar, con el correo de conexión le estás pidiendo de manera explícita al cliente que se conecte contigo en las redes sociales, como en Instagram, LinkedIn, Facebook, Twitter, etcétera.

Por último, el correo de contenido te permite brindarle al suscriptor contenido de gran calidad: una publicación de blog al estilo de Chris Von Wilpert, un video o una invitación a un evento.

Si eres diseñador de interiores, aquí podrías mostrar tu trabajo y entusiasmar a tus suscriptores. Por ejemplo, en el caso de Sleep Sumo, Julien podría enviar una publicación de blog sobre los estudios realizados para averiguar la diferencia entre dormir debajo o sobre las cobijas (¡ya sabes que existen dos tipos de personas en el mundo cuando se trata de dormir!).

Ahora, te daré una última sugerencia antes de continuar.

Siempre recomiendo enviar desde el principio tu mejor correo de contenido: un curso gratuito, tus artículos o videos más destacados, etcétera.

La razón es simple. El índice de apertura de los correos suele comenzar alto, pero después de varios envíos, disminuye. Mostrar a tus suscriptores tu mejor material minimiza este descenso.

DESAFÍO

Configura una respuesta automática

Yo considero que SendFox.com, el servicio que ayudé a diseñar, es demasiado bueno, pero hay otras opciones viables que te recomiendo, como ConvertKit.com y Mailchimp.com.

Visita MillionDollarWeekend.com para acceder a un tutorial gratuito y plantillas que puedes copiar y usar.

La ley de los 100

En 2018, empecé un podcast llamado *Noah Kagan Presents*. Produje cerca de 50 episodios en total y conseguí 30 000 descargas por episodio.

Y después renuncié por completo.

¿Esta historia te suena familiar? ¿Alguna vez trataste de empezar un negocio, aprender a jugar ajedrez, aumentar tu presencia en redes sociales o, quizás, aprender a tocar la guitarra? ¿También te diste por vencido demasiado pronto?

Compara esto con la historia de los fundadores de Buffer.com.

Recuerdo que, en 2010, comentaron en mi blog sobre sus actividades en redes sociales, el inicio de su negocio, bla, bla, bla... También recuerdo que pensé: "Estoy convencido de que no serán perseverantes con su idea y fracasarán".

No estoy seguro de por qué tuve tan mala actitud con ellos. Lo que sí sé es que ahora, más de 10 años después, su negocio genera 20 millones de dólares en ingresos recurrentes.

Entonces, ¿cuál es la diferencia entre mi podcast y Buffer? Ellos persistieron con su idea; yo no.

Para evitar fracasos similares, ahora aplico una confiable estructura que llamo **ley de los 100.** Permíteme explicarte la ley con base en un estudio muy peculiar de la Universidad de Florida.

El profesor de fotografía Jerry Uelsmann dividió su clase de fotografía en dos grupos: el grupo de cantidad y el grupo de calidad.

Al final del semestre, el grupo de cantidad tenía que tomar 100 fotografías para obtener una calificación de 10, es decir, la más alta. En cambio, el grupo de calidad solo podía tomar una fotografía y entregarla al final del semestre, pero tenía que ser perfecta para obtener un 10.

¿Adivinas lo que sucedió?

En términos de calidad, ¡el grupo de cantidad le ganó por mucho al grupo de calidad!

¿Por qué? ¡Porque el grupo de cantidad experimentó más! Los estudiantes tomaron toneladas de fotografías, aprendieron de sus errores, pasaron más tiempo en el cuarto de revelado y, con el tiempo, se volvieron mejores fotógrafos.

De eso se trata la ley de los 100.

Es muy simple: sin importar qué hayas decidido hacer, realízalo 100 veces antes de siquiera pensar en detenerte. Esto te impedirá sucumbir a lo que Seth Godin llama "la gran caída". ¿Qué es eso? En un largo periodo de esfuerzo, entre el inicio de un proyecto y el momento en que logras dominar o volverte experto en la actividad, siempre llega un punto en que empiezas a odiar el trabajo y te dan ganas de renunciar. Esa es la gran caída.

En mi podcast, yo quería conseguir 100 000 descargas por episodio y como solo conseguí 30 000, me desanimé y me rendí por completo después de solo 50 intentos. Lo increíble es que: (a) si hoy consiguiera 3 000 descargas, el podcast sería un éxito; y (b) como volví a empezar de cero y me comprometí con el proyecto, ahora alcanzo 7 500 descargas por episodio. Ha sido una lección dolorosa pero invaluable.

Mantente firme y comprométete a hacer 100 repeticiones (piensa en esto como si se tratara de practicar y repetir, en lugar de fracasar o tener éxito). Esta visión cambiará tu mentalidad y facilitará la perseverancia en momentos difíciles.

La clave es configurar un sistema que te ayude a completar tus 100 repeticiones sin pensar en los resultados.

La solución a las inevitables dudas que surgirán es comprometerte a realizar tus primeras 100 repeticiones, sin importar lo que eso signifique en tu caso, y que lo hagas sin enfocarte en los resultados.

- Si quieres empezar un canal de YouTube, publica 100 videos.
- Si planeas hacer un boletín, escribe 100 correos electrónicos.
- Si deseas aprender una nueva habilidad, como jugar ajedrez o tocar la guitarra, practica durante 100 días.
- Si vas a emprender un negocio, presenta tu propuesta a 100 clientes.

Solo enfócate en los primeros 100. No te preocupes si la gente ve tus videos, te da "Me gusta", interactúa contigo, te compra o te sigue, solo publícalo. Se trata de que lo hagas, en lugar de que a alguien más le guste.

Cuando hayas terminado, podrás decidir si quieres rendirte o no.

La lección aquí es hacer hoy lo que necesitas para alcanzar tu meta final. Paso a paso, sesión por sesión, video por video, correo por correo. Con cada repetición, mejorarás un poco.

La ley de los 100 se basa en el poder de la constancia, que es el único camino hacia la grandeza.

DESAFÍO

La ley de los 100

Comprométete a realizar 100 correos electrónicos, publicaciones o cualquier acción que te acercará a tus metas. Para cumplir con tu compromiso, usa la cuadrícula de la ley de los 100 que encontrarás a continuación. Registra en ella tu progreso ¡y no rompas la cadena!

TAREA: ____________________

1	2	3	4	5	6	7	8	9	10
11	12	13	14	15	16	17	18	19	20
21	22	23	24	25	26	27	28	29	30
31	32	33	34	35	36	37	38	39	40
41	42	43	44	45	46	47	48	49	50
51	52	53	54	55	56	57	58	59	60
61	62	63	64	65	66	67	68	69	70
71	72	73	74	75	76	77	78	79	80
81	82	83	84	85	86	87	88	89	90
91	92	93	94	95	96	97	98	99	100

Obtén una copia digital de la cuadrícula de progreso en MillionDollarWeekend.com.

CAPÍTULO 8

La máquina del crecimiento

MI MANUAL DE CRECIMIENTO PROBADO EN BATALLA

"Lo lamento, Noah, aún no eres lo suficientemente bueno para manejar el marketing de mi empresa".

Así fue como Aaron Patzer, fundador de Mint.com, me rechazó la primera vez que solicité ser su director de marketing. Y tenía razón; en aquel momento, el marketing no era mi especialidad, carecía de experiencia y no poseía un plan real.

La cuestión era que, como me habían despedido de Facebook, estaba desesperado por mostrarle al mundo que no era un perdedor. Regresé poco después a él, armado con un plan de marketing detallado que usé una y otra vez a lo largo de los siguientes 15 años. Se lo presenté como una oferta que no podría rechazar: "En seis meses, incluso antes de que lances el producto al mercado, conseguiré 100 000 usuarios —le prometí—. Y si no cumplo con el objetivo, no tendrás que pagarme".

Ejecuté el plan de marketing con base en dos acciones clave: patrocinar a blogueros de finanzas muy específicos y escribir el mejor contenido sobre finanzas en línea. Seis meses después, en septiembre de 2007, Mint lanzó su producto de forma oficial con un millón de seguidores. ¡Excedí mi objetivo 10 veces y obtuve mi primer salario de seis cifras!

Desde entonces, he logrado expandir ocho negocios millonarios diferentes con el mismo plan de marketing. Sumo.com alcanzó 1 000 millones de impresiones en 12 meses. SendFox.com obtuvo 10 000 clientes en seis meses y más de 850 000 suscriptores en los últimos años.

He creado un plan de marketing que me ha permitido desarrollar múltiples negocios. A pesar de la diversidad de estrategias disponibles, siempre recurro a cinco preguntas esenciales para cualquier negocio. Aquí están mis cinco preguntas para crear tu propio plan de marketing (si quieres ver el plan original de Mint, visita MillionDollarWeekend.com):

1. ¿Cuál es tu meta principal para este año?
2. ¿Quiénes son tus clientes y dónde puedes encontrarlos?
3. ¿Cuál es la principal actividad de marketing en la que puedes redoblar tus esfuerzos?
4. ¿Cómo podrías deleitar a tus primeros 100 clientes?
5. Si tuvieras que duplicar tu negocio en 30 días y sin dinero, ¿qué harías?

Copiar el plan, esperar y rezar no te servirá de nada. Eso es equivalente a apostar, usar la suerte como estrategia.

Es imposible predecir qué estrategia te funcionará a ti. Por ejemplo, el blogueo funcionó para Mint.com, pero nunca ha sido útil para AppSumo.com. Asimismo, los anuncios pagados funcionan en AppSumo, pero no logramos que este modelo económico funcionara para mi marca OkDork.

Si tuvieras que duplicar tu negocio en 30 días y sin dinero, ¿qué harías?

A final de cuentas, se trata de establecer un proceso que te ayude a identificar qué tácticas te funcionarán en cada caso.

Antes de empezar a hacer marketing, tenemos que elegir un objetivo en el que nos enfocaremos.

1. Establece un único objetivo, hiperenfocado y exacto.

Mark Zuckerberg me sentó en su oficina y yo le presenté mi idea sobre cómo podríamos vender boletos dentro de los eventos de Facebook.

—Mark, no somos rentables y necesitamos el dinero. Probemos esto, por favor —le supliqué.

—No —respondió.

Tomó un marcador y escribió en el pizarrón: CRECIMIENTO. A un lado, escribió: 1 000 MILLONES.

A continuación, explicó que todas nuestras actividades deberían enfocarse exclusivamente hacia el crecimiento de nuestra base de 1 000 millones de usuarios. Un enfoque láser en el resultado y la priorización estricta llevaron a la compañía a donde está hoy.

Ahí fue cuando comprendí todo y, desde entonces, uso esta estrategia: elijo una sola meta y me esfuerzo para alcanzarla.

Primero, necesitas fijar la meta, lo que significa elegir una cifra. En el caso de AppSumo, al principio, la meta fue alcanzar 100 000 direcciones de correo electrónico. Todo lo demás (ingresos por compras, ofertas para compartir, visibilidad, reconocimiento de marca) lo basamos en esa cifra. Notamos que si lográbamos incrementar esa cifra, lo demás también crecería. Te daré otros ejemplos:

- La cifra de la libertad que elegiste en el capítulo 1.
- 1 000 suscriptores en YouTube.
- Un millón de dólares en ingresos netos.
- 50 clientes.

Tu objetivo es el único número que más importa. Establecerlo desde el principio hace que planear la ruta sea mucho más sencillo.

CONSEJO PROFESIONAL: Sé específico. Uno de los errores más comunes que veo entre los emprendedores cuando fijan metas es su tendencia a desear "más". Más ingresos, más tráfico, más descargas. Pero ¿cuántas y para cuándo?

Ahora añade un periodo, una fecha límite. Decir, por ejemplo: "Quiero ser rico", es un grave error porque no significa nada. ¿Cuál es la cifra? Es mucho más efectivo afirmar: "Quiero tener un valor neto de un millón de dólares". Tampoco hay un periodo y, sin un periodo, no hay urgencia. Entonces, ¿en qué meta nos enforcaremos y trabajaremos?

"Quiero tener un valor neto de un millón de dólares en tres años".

Eso sí me gusta.

Una vez que hayas definido la meta y su plazo, podrás desglosarla en un cronograma con objetivos más modestos. Esto no solo hará tus metas más viables, sino que también te motivará muchísimo porque podrás poner palomita o tachar un renglón cada vez que cumplas tus objetivos más modestos en el camino hacia la gran meta general.

Hace poco, mi meta principal fue expandir mi canal de YouTube.com/okdork y alcanzar los 500 000 suscriptores (cifra) en un año (periodo). Así que establecí un cronograma mensual. Tomé en cuenta que quería comenzar despacio y luego aumentar la intensidad a medida que evaluaba y seleccionaba las tácticas más efectivas.

Así hice el planeamiento para alcanzar mi meta de 500 000 suscriptores:

Target	Jan	Feb	Mar	Apr	May	Jun	Jul	Aug	Sep	Oct	Nov	Dec	Year End
Beg Subs	277,492	291,367	305,935	321,232	337,293	354,158	371,866	390,459	409,982	430,481	452,005	474,605	503,082
Growth %	5%	5%	5%	5%	5%	5%	5%	5%	5%	5%	5%	6%	8%
+ Subs	13,875	14,568	15,297	16,062	16,865	17,708	18,593	19,523	20,499	21,524	22,600	28,476	225,590
End Subs	291,367	305,935	321,232	337,293	354,158	371,866	390,459	409,982	430,481	452,005	474,605	503,082	181%

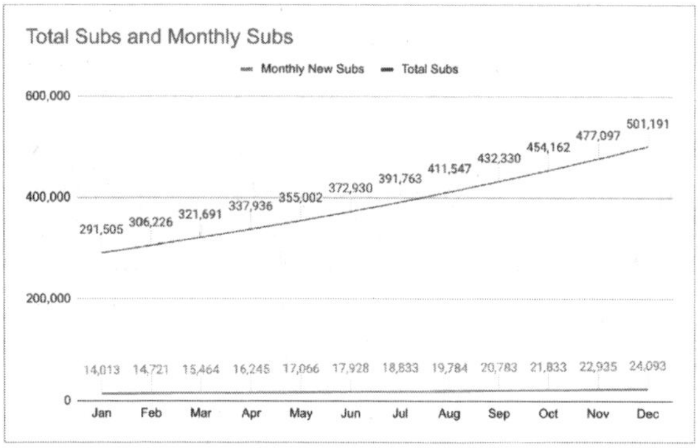

Esta hoja de cálculo establece objetivos mensuales tangibles.

- El objetivo de julio es 18 833 suscriptores.
- El objetivo de agosto es 19 784 suscriptores.
- El objetivo de septiembre es 20 783 suscriptores.

Conocer las cifras es extremadamente útil para mantenerse enfocado en un objetivo. Así, puedo descartar muchas ideas que tal vez sería divertido poner a prueba, pero no darán resultados.

Ya tienes un cronograma. Genial. ¿Qué sigue?

2. Crea tu lista de experimentos de marketing.

—Estoy tuiteando dos veces al día, eso me ayudará a vender mi nuevo curso a especialistas en bienes raíces —dijo uno de mis estudiantes, a quien llamaremos Ricky, el agente inmobiliario.

—Oh, ¿en serio? —respondí.

—Sí, tuiteo algo todos los días y luego uso una nueva herramienta que compré para interactuar con las personas, conseguir que me sigan y que, con el tiempo, se vuelvan mis clientes —explicó Ricky.

—¡Claaaaro! —dije, aunque estaba seguro de que no funcionaría.

Avancemos un poco. Muchos días después, le pregunté a Ricky cuántas ventas había concretado.

—Ninguna —contestó.

—De acuerdo, Ricky, voy a decir esto sin juzgar, pero ¿has probado otras ideas de marketing que podrían ayudarte a venderles a los agentes inmobiliarios?

Ricky no había puesto nada a prueba.

Antes de empezar a remar a toda velocidad en la dirección incorrecta, debemos hacer distintos experimentos de marketing para averiguar en cuáles se puede redoblar esfuerzos. La mejor manera de hacerlo es usando una lista de marketing basada en experimentos y rastreando tus estrategias.

Déjame darte un ejemplo de la vida real: la historia de Daniel Bliss.

Daniel es canadiense, un individuo genial cuyo pasatiempo es escalar. Fue ganador de la estadía de negocios *Make a $1 000 a Month*, organizada por AppSummo en Austin, donde colaboramos durante una semana en su proyecto.

Nuestro objetivo en su estadía era transformar su pasatiempo de escalar en un negocio real que produjera 4 000 dólares mensuales. Alcanzar su cifra de la libertad le permitiría renunciar a su empleo diurno como empleado postal para dedicarse a escalar en Tailandia. Alerta de *spoiler*: ahora Daniel disfruta mucho del pad thai.

Daniel actuó con inteligencia y se enfocó en resolver un problema personal. Como se especializaba en la escalada en roca, sufría de dolores de cuello cada vez que tenía que echar la cabeza hacia atrás para asegurar a otro escalador. Quería comprar unas gafas que le permitieran mirar arriba sin tener que estirar el cuello.

Encontró a un fabricante en Alibaba capaz de producir gafas con espejos para ver hacia arriba mientras la cabeza se mantenía en posición frontal. Asimismo, ya había validado su idea de negocios: consiguió varios pares y vendió 12 por su cuenta. Vendió dos pares a una pareja que conoció mientras escalaba y el resto a su grupo de escalada.

A pesar de todo, estaba estancado. ¿Cómo crecer más allá de su situación actual? Como la mayoría de los empresarios, hizo lo que pareció lógico, pero en realidad fue incorrecto. Perdió tiempo equipando y adornando su sitio de Shopify con la parafernalia de costumbre, investigó sobre las leyes de propiedad intelectual para proteger su diseño y espió a sus competidores.

Arreglemos lo que está mal…

Primero, trabajamos de adelante hacia atrás a partir de su meta para determinar cuántos pares de gafas necesitaba vender para generar los 4 000 dólares de su cifra de la libertad.

> 4 000 dólares de ganancias mensuales.
> Las gafas se venden a 60 dólares el par, envío incluido.
> Él gana 24 dólares por cada par vendido.
> 4000/24 = 166 pares a vender por mes.
> Básicamente, entre 5 y 6 pares de gafas diarios.

No puedo insistir lo suficiente en la importancia de este proceso: ¡TRABAJA DE ADELANTE HACIA ATRÁS A PARTIR DE TU META!

Después, elaboramos una lista de estrategias de marketing que podrían ayudar a Daniel a alcanzar su objetivo:

Fuente	Pronóstico de ventas	Ventas reales
Red personal + referidos	30	???
Venta a Vancouver Rock Climbing Group	20	???
Venta al mayoreo	50	???
Mercados: eBay	25	???
Obsequios	25	???
Anuncios de Facebook	16	???
Total	166 (su meta)	

Ahora bien, Daniel solo tenía una hora por semana para dedicarse a su negocio, así que le pregunté: "Si solo pudieras realizar dos de las actividades de marketing, ¿cuáles elegirías?". Eligió las dos que también consideraba más prometedoras para generar ventas:

1. Red personal + referidos.
2. Venta al mayoreo a gimnasios especializados en escalada/tiendas en línea.

Daniel empezó con sus dos canales principales. Primero, buscó en Facebook a todos sus amigos que indicaban en sus perfiles el interés en escalar y los añadió a una hoja de cálculo. También puedes revisar la lista de contactos de tu teléfono celular y enviar mensajes individuales.

Hola, [nombre de pila].
Espero que te encuentres de maravilla.
Vi que te gusta escalar, ¡a mí también!
Como cada vez que tengo que hacer *belay* me duele el cuello, diseñé unas gafas con un precio súper accesible.
Tengo 10 disponibles, ¿te interesaría comprar un par?
¡A escalar!
Daniel

Daniel logró hacer unas cuantas ventas con solo enviar mensajes a sus amigos de Facebook. ¡BINGO!

Luego, elaboramos una lista de todas las tiendas de escalada en roca en Canadá, tanto físicas como en línea.

1. Buscar en Google "escalada en roca Vancouver" o "escalada en roca" en Yelp.

2A. Visitar sitios web listados, obtener el nombre del dueño y, de ser posible, su dirección de correo electrónico y número telefónico.

2B. Contratar a alguien en Fiverr.com o Craigslist para que revise todos los listados y los añada a una hoja de cálculo.

También a ellos les enviamos un mensaje.

ASUNTO: Te ayudamos a ganar 1 000 dólares extra en tu gimnasio de escalada

Hola, Colleen.
Espero que te encuentres de maravilla.
He colaborado con gimnasios de escalada como el tuyo y me gustaría invitar a tus usuarios a conocer mis nuevas gafas para el *belay:*
www.belayshades.com (la gente se vuelve loca por ellas).
Estaba pensando que podríamos enviarles a los usuarios de tu gimnasio un correo con un descuento especial para ellos y dividir la ganancia en partes iguales.
Sería una excelente manera de aumentar tus ingresos y de conectar con tus usuarios al mismo tiempo.
Si te interesa esta propuesta, ¿podrías darme una respuesta antes del próximo viernes?
Hasta la vista,
Dan Bliss

Después de esto, Daniel tuvo tiempo libre y probó otras estrategias de mercado de la lista:

Publicamos en mercados. Esto implica publicar tu producto en sitios donde ya están tus clientes, como eBay, Etsy, Craigslist o Amazon sin costo alguno.

Y después de esperar unos días... no hubo ventas.

Probamos los anuncios de Facebook y Google. Este es el anuncio que diseñamos para Facebook:

Esto nos produjo 0 ventas.

También ofrecimos obsequios. Daniel se puso en contacto con varias páginas de Facebook, grupos de Meetup y blogueros relacionados con la escalada, y les ofreció enviar una muestra. Si les agradaban las gafas, les podría ofrecer un precio especial para que las vendieran a sus miembros.

ASUNTO: Gafas para *belay* gratuitas para usted y su [nombre del grupo]

Hola, [líder del club]
¡Tu grupo parece asombroso! Me da gusto ver que la comunidad de escaladores está creciendo en [lugar].
Quería informarte sobre estas nuevas y geniales gafas de aseguramiento para escaladores, llamadas Belay Shades.
Me encantaría enviarte un par gratis para que las pruebes. Si son de tu agrado, con gusto te daré un precio especial para los miembros de tu grupo.
Solo envíame un correo antes de [dos días después de que envíes este mensaje] con una dirección postal y te mandaremos un par.
¡A escalar!
Daniel

Esto no produjo ningún resultado.

Pero luego... Daniel recibió un correo electrónico de Sierra Trading, un importante sitio en línea al que había contactado, el cual decía que estaban interesados en las gafas.

¡Rayos! Llevaba semanas esperando noticias de pequeñas tiendas locales y ahora un proveedor en línea le respondía por fin en solo un día.

¡Hicieron una orden por 4200 dólares!

Después de 30 días, este es el resultado final de Daniel:

SIERRA TRADING POST®

5025 Campstool Rd
Cheyenne, WY 82007-1898
ph (307) 775-8050 fax (307) 775-8320

Purchase Order # **48344**

PO Date: 9/25/2013 Total Amount: $4200.00
Printed On: 10/4/2013 Total Quantity: 200

Buyer: Bryan Vernetson - (307) 773-7724 bvernetson@sierratradingpost.com
Buyer Assistant: Nathaniel Davis - (307) 772-8927 ndavis@sierratradingpost.com

Style Color Key: Fully Defined | Partially Defined | Not Defined

Vendor	**Blicard Industries**
Contact	Daniel Bliss
Phone Number	(604) 786-9097
Fax	
Email	dan@belayshades.com
Address	4-1774 Grant St Vancouver, BC V5L2Y7

Vendor Number

Comments

Please visit http://www.sierratradingpost.com/lp2/vendor-info.html for detailed information on packing, shipping, sample orders, quality control, accounts payable, and additional contacts.

Sierra Trading Post willingly accepts shipments that flucuate within 5% of the original purchase order. However,in the event the shipment items not originally indicated on the purchase order and/or percentages greater than indicated, we require notification prior to shipment. Please contact the buyer or buying assistant noted on this purchase order if changes are neccessary.

Sierra Trading Post reserves the right to renegotiate the terms and conditions of the agreement if the above guidelines are not met.

We require prior notification for shipments that will not be shipped by the ship date(s) indicated on the purchase order.

Payment Type	Ship Via	Shipping Date	Term Net
Terms	See Instructions	11/8/2013	90

Pay Date	Allocation	Amount
2/6/2014	100.00%	$4200.0000

OK TO SHIP EARLY WITH DATING. DATING WILL BEGIN FROM REQUESTED SHIP DATE.

Belay Shades ROCK CLIMBING BELAY SHADES

Total Quantity: 200
Total Amount: $4200.00 Quality: 1st Quality Closeouts

Ship Date	VendorStyles	Vendor Style	Vendor Color		Total	Offer Price	Original Retail	Extend Price
11/8/2013			SEE PHOTO	200	200	$21.00	$50.00	$4200.00

La venta de 4 200 dólares realizada por Daniel.

Fuente	Pronóstico de ventas	Ventas reales
Red personal + referidos	30	9
Venta a Vancouver Rock Climbing Group	20	11
Opciones de venta al mayoreo	50	217
Mercados – eBay	25	0
Obsequios	25	0
Anuncios de Facebook	16	0
Total	166 (su meta)	237

El punto aquí es que uno nunca sabe qué funcionará cuando se trata de marketing. Para averiguarlo, necesitas realizar un proceso de pequeños experimentos con base en tus mejores conjeturas de lo que podría servir. Necesitas priorizar las tácticas y ponerlas a prueba.

Daniel probó seis experimentos distintos en 30 días. Pensó que con las ventas al mayoreo vendería 50 pares, pero resultó que vendió más de 200. Creyó que en eBay podría colocar 30 unidades, pero al final vendió la asombrosa cantidad de 0. Debido a estos resultados, modificó su plan, se enfocó en las ventas al mayoreo y redobló sus esfuerzos al ver que representaban el 90% de sus ventas.

Ahora hagamos una lista de estrategias de marketing que puedas realizar. Antes que nada, necesitas saber lo siguiente:

1. ¿Quién es tu cliente ideal?
2. ¿Dónde se encuentra?

¿Quién es tu cliente ideal?

- En Mint, nos enfocamos en blogueros de finanzas personales y en profesionales de la tecnología.
- En AppSumo, nuestro cliente es Marketing Agency Matt, un emprendedor solitario.
- En OkDork, mi cliente es cualquier desamparado en busca de inspiración en su trayectoria empresarial.

He descubierto que la mejor manera de identificar a tu cliente ideal es buscando patrones con tus clientes actuales:

> Piensa en qué tienen en común tus clientes actuales. ¿Tienen cierta edad? ¿Intereses en común? ¿Pertenecen a un género específico? ¿Tienen pasatiempos en un área específica?

DESAFÍO

¿Quién es tu cliente?

Descríbeme a tu cliente ideal. Entre más específico seas, mejor. Piensa en el género, edad, ubicación y cualquier otro detalle que lo haga único.

____

____

____

____

____

Ahora, ¿dónde puedes encontrar más personas con este perfil de cliente ideal?

Busca en el lugar donde encontraste a tus primeros clientes y ¡pregúntales a los que aún forman parte del grupo!

Este es el mensaje exacto que continúo enviando a la gente hasta la fecha:

Hola, María.
Muchas gracias por ser mi cliente.
¿Podrías decirme en qué lugar específico esperarías conocer mi producto?

Ahora elabora una lista de esos lugares donde podrías encontrar a más personas con el perfil que buscas.

Por ejemplo, en el caso de Daniel, sucedió así:

Quién: Gente que practica escalada en roca al aire libre por lo menos una vez a la semana.

Dónde: Residen en Estados Unidos o Canadá, son miembros de un gimnasio de escalada en roca, compran su equipo en tiendas de artículos deportivos, leen la revista *Outside*, son fanáticos de Alex Honnold (especializado en escalar en solitario), participan en grupos en línea para hablar sobre escaladores, ven a *youtubers* que enseñan nuevas técnicas de escalada y consumen alimentos energéticos, como las barras CLIF.

Si no se te ocurre dónde buscar, aquí tienes una lista de ideas genéricas de marketing que te ayudarán a dar el primer paso:

- **Contacta a tu red:** El primer lugar donde deberías empezar a buscar clientes es tu propia red de contactos. El beneficio es que la gente ya te conoce, por lo que el proceso de venta se simplifica.
- **Anuncios pagados:** Llega a clientes potenciales a través de motores de búsqueda como Bing y Google para que tu nombre aparezca cuando la gente busque ciertas palabras clave.

- **Anuncios en redes sociales:** Dirígete a una audiencia precisa a través de anuncios en canales de redes sociales, como Twitter, Facebook, Reddit, TikTok o LinkedIn.
- **Marketing de contenido:** Produce y publica contenido (blogs, podcasts, videos) con el objetivo de generar interés en tu producto o servicio.
- **Contacto en frío:** Comunícate directamente con clientes potenciales. Esto podría significar levantar el teléfono y marcarles o enviar correos electrónicos en frío a prospectos.
- **Blogs de mercados específicos:** Patrocina publicaciones y contenido en blogs populares que se alineen con tu mercado objetivo.
- **Marketing a través de *influencers*:** Identifica y construye relaciones con figuras influyentes en tu sector (por ejemplo, blogueros de alto perfil o *instagrammers*).
- **Relaciones públicas:** Convence a la prensa y a blogueros de tu nicho para que difundan tu historia.
- **SEO:** La optimización de motores de búsqueda (SEO, por sus siglas en inglés), otra manera confiable de incrementar tu tráfico, pero lleva tiempo. Haz una investigación de palabras clave en sitios como AnswerThePublic o SpyFu para descubrir de qué está hablando la gente en tu nicho. Produce contenido hiperdirigido para generar tráfico.
- **Obsequios:** Reúne algunos premios increíbles, crea una página de concursos… y promuévela al máximo.
- **Colaboraciones:** Aparece en otros podcasts, programas, boletines o canales de YouTube.

En cuanto hayas terminado tus listas de ideas de marketing, necesitarás calcular las ventas que esperas generar.

Establecer tu pronóstico de ventas constituye una de las partes más importantes de tu estrategia. Estos objetivos te proveerán información para medir tus resultados y te ayudarán a identificar en qué actividades valdrá la pena intensificar los esfuerzos en el futuro.

Entonces, ¿cómo puedes establecer objetivos para tus fuentes? Lo más importante de este proceso es no preocuparse por obtener cifras exactas; basta con hacer conjeturas razonables que te permitan crear un esquema para priorizar y duplicar tus fuentes.

La clave para establecer tus objetivos consiste en producir tu mejor conjetura; no tiene que ser una cifra súper precisa, ya que el propósito principal es priorizar tus actividades de marketing. Con el tiempo, mejorarás en esta habilidad.

Aquí tienes un ejemplo para 30 días de ventas:

Experimentos de marketing	Pronóstico de ventas
1. SEO: Escribir cuatro publicaciones de blog	10
2. Contactar a todos en mi red	25
3. Llamar a mi tía Rhonda	1
4. Publicar en un grupo de Meetup	5
5. Hacer una publicación con *flyer*	9
Total	40

Esta hoja de cálculo te ayuda a priorizar tu tiempo porque te obliga a enfocarte primero en las estrategias que prometen mayores ventas.

Otra opción es añadir una columna de "Tiempo" para evaluar cuánto te tomará realizar cada actividad. Esta columna te permitirá identificar aquellas tareas que consumen menos tiempo, pero que, aun así, generarán ventas.

Si consideras hacer anuncios, también puedes incluir los costos asociados, pero yo recomiendo no invertir en estas herramientas de marketing al principio: primero agota las opciones gratuitas.

DESAFÍO

¿Dónde están tus clientes?

Ahora, enumera al menos cinco lugares donde se encuentran tus clientes y estima cuántas ventas podrías generar en 30 días a partir de esos clientes.

Experimentos de marketing	Pronóstico de ventas
1.	
2.	
3.	
4.	
5.	
Total	

3. Duplica lo que funciona.

Ahora quiero que repitas conmigo la regla de oro de las tácticas de marketing:

Identifica lo que funciona y repítelo; identifica lo que no funciona y descártalo.

A veces, incluso a mí se me olvida esta regla de oro. Hace poco, en Sumo.com, empezamos a promover de forma masiva nuestras publicaciones en Instagram para convertir a nuestros seguidores en clientes (1) porque nos dimos cuenta de que teníamos más de 100 000 seguidores y nuestras publicaciones recibían muchos “Me gusta”, y (2) porque Instagram es una plataforma genial y les funciona a muchísimas personas.

¿Y sabes qué sucedió? Nos produjo, literalmente, ¡0 dólares! A pesar de todo, trabajamos seis meses y gastamos 20 000 dólares antes de admitir que esa estrategia no funcionaba y decidir abandonarla.

La lección de esta anécdota es muy simple: en lugar de aplicar las estrategias de marketing más populares del momento, lo que necesitas hacer es identificar las tácticas adecuadas para tu negocio.

Ahora bien, no hay nada de malo en experimentar y probar nuevos canales, pero sí necesitas establecer fechas límite para abandonar cualquier estrategia que no esté funcionando. En lo personal, me parece que 30 días son más que suficientes para obtener resultados de tus experimentos de marketing.

Por eso es fundamental que el empresario adopte una "mentalidad perezosa". Si algo es demasiado difícil y no funciona después de un esfuerzo genuino, ¡déjalo y sigue adelante!

Redobla los esfuerzos en los experimentos que sí funcionan y termina con aquellos que no cumplen con tus expectativas.

Continúa solo si observas progreso. En serio, tienes que ser implacable. Incluso 100 dólares diarios o 30 minutos al día representan costos económicos y temporales que podrían ser invertidos en otra estrategia. Por ejemplo, en 2019, cuando quise aumentar mi presencia en línea, probé de todo: Twitter, TikTok, blogs, Instagram, YouTube... Lo sé, lo sé. Te suena familiar, ¿verdad?

Después de 30 días de probar todas estas opciones, me obligué a elegir. Para ese momento, estaba claro que una opción superaba por mucho a las demás en términos de la cantidad de seguidores que producía. Entonces, dejé de esforzarme en los otros medios y me enfoqué de lleno en YouTube.

Me gusta verificar mis suposiciones cada semana (y a veces a diario) para medir el progreso de mi plan de marketing. Lo hago cada semana y, a veces, incluso diario.

Durante las primeras dos semanas, es probable que necesites experimentar mucho en tu estrategia y continuar poniendo todo a prueba hasta encontrar lo que funciona y lo que no. Por lo general, necesitarás un mes para averiguar si un canal es prometedor o no.

En cuanto hayas encontrado la táctica o el canal que funcione, enfócate en él hasta agotarlo. En el caso de Daniel, el escalador de las gafas para *belay*, eso significó centrar sus esfuerzos en los vendedores mayoristas en línea porque ese fue el canal que más ventas le generó.

Adopta la táctica que funciona y redobla los esfuerzos en ella. Recuerda que, en este contexto, ¡ser perezoso funciona!

DESAFÍO

¿Qué estrategias de marketing puedo duplicar?

Vamos a actualizar tu hoja de experimentos original con las ventas reales. Esto debería permitirte identificar con claridad qué estrategias duplicar y a cuáles renunciar.

Llena esta tabla de inmediato:

Experimentos de marketing	Pronóstico de ventas	Ventas reales
1.		
2.		
3.		
4.		
5.		
Total		

Pero en lugar de enfocarte solo en tus nuevos clientes, también aprovecha a los que ya tienes.

4. Haz más felices a tus primeros 100 clientes.

¿Cómo duplicarías tu negocio si no pudieras conseguir nuevos clientes?

Esta pregunta te ayudará a pensar en formas de superar las expectativas de tus clientes actuales, ya que en los negocios la retención de clientes y las referencias son las palancas de crecimiento más importantes. Si estás empezando, debes saber que cada referido puede, literalmente, duplicar tu negocio.

Aquí tienes algunos ejemplos de cómo lo he logrado:

Cuando comencé a expandir mi canal de YouTube, respondía personalmente a cada comentario en los videos. Esto hacía que la audiencia se sintiera especial y más conectada conmigo.

En el caso de Gambit, incluso cuando ya generábamos más de 20 millones de dólares al año, proporcionaba mi número telefónico personal a todos los clientes. Ese nivel de servicio al cliente y atención al detalle fue clave para nuestro rápido crecimiento.

Durante los primeros años de AppSumo.com, contactaba personalmente a los clientes para averiguar qué les gustaba y qué no les gustaba de nosotros. De hecho, lo sigo haciendo. Sus respuestas suelen comenzar así: "¿Eres Noah y me estás escribiendo? ¿En serio?". Al final, parecen encantados con el contacto y, además, les cuentan la experiencia a sus amigos.

Este es un correo electrónico de uno de los primeros clientes de AppSumo:

El 17 de mayo de 2010, 13:08, Noah <noah@appsumo.com> escribió:

> Hola, Will.

¡Muchas gracias por comprar! Hoy mismo vamos a activar tu cuenta Pro y a enviarte un correo electrónico (:

Si tienes dos minutos, quisiera hacerte unas preguntas:

—¿Qué te motivó a interesarte en comprar en Imgur?

—¿Qué otros sitios web o servicios te gustaría que tuvieran grandes descuentos?

—¿Tienes alguna sugerencia o hay algo que te gustaría ver en nuestro sitio, appsumo.com?

Siéntete libre de contarles a todos: http://appsumo.com/

Tu amigo,

Noah

Will Derrick [correo borrado]
Para mí ▼

Hola, Noah.
Me encanta Reddit e Imgur es el mejor servidor para guardar imágenes. Me gusta el servicio y quiero apoyarlos, tener esta oferta en Reddit me parece una excelente manera de ayudar a todos los involucrados. :) Es como tener un descuento genial en Reddit.
Sería bueno mencionar que no es instantáneo. Cuando realicé todo el proceso no me di cuenta de que no me darían un código en cuanto el pago fuera procesado en PayPal. No me molesta esperar, pero "Compra ahora" es un poco engañoso. En realidad, el mensaje debería decir: "Paga ahora y recibirás tu actualización en menos de 24 horas". Hoy en día, espero que todo sea instantáneo, es raro cuando toma tiempo.
Me encantaría un descuento en mi suscripción a Napster, Battlefunds en Battlefield: Heroes o mi suscripción a Spotify. Acabo de inscribirme en la prueba beta de Flattr, ¡pero no sé cómo funcionaría el descuento con ellos!
Saludos,
Will

Esto no es escalable, ese es el punto.

La otra clave es seguir superando las expectativas de tus clientes actuales y asegurarte de que sean lo más felices posible, lo cual te generará un beneficio doble:

- Los clientes felices recomendarán tu negocio a sus amigos.
- Los clientes felices son más propensos a gastar más dinero y a comprar tus nuevos productos o servicios.

Entre más tiempo retengas a tus clientes, más oportunidades tendrás de obtener ingresos a través de ellos. Asimismo, estos clientes retenidos te pueden proporcionar retroalimentación valiosa durante todo el camino para mejorar aún más tu producto o servicio. Pregúntales lo siguiente: "¿Qué podríamos hacer hoy para que te sintieras doblemente feliz de estar con nosotros?".

Un gran ejemplo de esta práctica es Nick Bare, de Bare Performance Nutrition.

When Nick Bare was growing BPN Supplements from $1K - $100K per month, he wrote every US customer a hand-written thank you note.

While he was in KOREA.

Best way to grow your business:

Make your customers feel special.

6:04 PM · Sep 2, 2022 · Hypefury

2 Retweets 56 Likes

Estamos hablando de un individuo que se encontraba en Corea, se despertaba a las 4:00 a. m. para trabajar en su negocio alternativo y, a pesar de todo, se esforzaba por enviar un mensaje personal a cada uno de sus clientes. ¡Esta fue la base que transformó su negocio de suplementos en la empresa de siete cifras que es hoy!

DESAFÍO

Haz felices a tus clientes

Pregúntale a un cliente: "¿Qué podría hacer hoy para que te sientas doblemente feliz de estar con nosotros?".

Resumen de la estrategia de crecimiento

Contesta las siguientes cinco preguntas en tu diario del fin de semana millonario:

1. ¿Cuál es tu meta principal este año?

____

____

2. ¿Quiénes son tus clientes y dónde puedes encontrarlos?

____

____

3. ¿En qué actividad de marketing deberías intensificar tus esfuerzos?

____

____

4. ¿Cómo podrías deleitar a tus primeros 100 clientes?

____

____

5. Si tuvieras que duplicar tu negocio en 30 días y sin dinero, ¿qué harías?

____

____

CAPÍTULO 9

Este año tiene 52 oportunidades

USA SISTEMAS Y RUTINAS PARA DISEÑAR EL NEGOCIO Y LA VIDA QUE DESEAS

En 2014, AppSumo generaba cerca de 4 millones de dólares al año en ingresos, y yo me llevaba a casa unos 150 000 dólares. Por fin pude darme el lujo de comprar todo lo que había soñado tener.

¡Lo logré!

Pero me sentía fatal.

No era cansancio. Era una sensación distinta, algo temporal y físico. También era algo más profundo. Me sentía perdido y triste, atrapado en una miseria que se había enraizado en mi alma y afectaba todos los aspectos de mi vida. No me gustaban muchos de los productos que vendíamos. No me agradaban varias personas que trabajaban en mi empresa. No me encantaba el lugar donde vivía. No amaba a mi novia.

Era ilógico. ¿Cómo podía ser tan "exitoso" y sentirme tan infeliz?

Empecé a probar todo tipo de técnicas para curar el miedo que sentía cada mañana al abrir los ojos: libros, foros de Reddit, terapia, ayuno intermitente... y duchas frías que solo me hicieron pensar: "Esto es horrible. Ahora no solo estoy triste, ¡también me estoy congelando!".

Toqué fondo un mes después, en una conferencia de marketing de afiliados. Estaba conversando con mi amigo Rob, le dije lo triste que estaba y le conté que mi "exitosa" rutina me hacía sentir que tenía el alma adormecida.

—Esto me está drenando —confesé—. Me siento vacío.

Nunca olvidaré que lloré en una presentación. Estaba sentado en una sala de juntas sin ventanas y, mientras escuchaba el monótono discurso del orador sobre cómo escalar campañas publicitarias, el llanto empezó a inundar mis ojos. Sentí una vacuidad que me asustó. ¿No se suponía que el éxito debía mejorar mi vida?

Algo tenía que cambiar.

Fue entonces cuando decidí emprender una búsqueda espiritual, justo como lo hicieron los Beatles y Steve Jobs cuando necesitaron iluminación. Me pareció que a ellos les ayudó, ¡así que recé para que a mí también me ayudara! Fue muy claro en ese momento: tenía que abandonar mi vida para encontrarme a mí mismo.

Ese fue el momento decisivo. Viajaría a la India, como los Beatles y Steve.

Me dirigí a Rishikesh, en el norte de la India, y pasé tiempo en el áshram del Maharishi Mahesh Yogi, el gurú que desarrolló la meditación trascendental y se la enseñó a los Beatles. Pasé tiempo en una cueva con un sadhu que había renunciado a todo en el mundo. También estuve con yoguis en Goa con la esperanza de que su forma de vida encendiera una chispa en mi interior. Recorrí casi toda la India, dispuesto a escapar de mi zona de confort y a arriesgarlo todo con tal de cambiar mi vida en medio de mi búsqueda de una experiencia de autodescubrimiento.

Y, un mes después, comprendí…

Aunque había logrado desarrollar un negocio multimillonario, no estaba haciendo lo que realmente deseaba, sino lo que creía que debía hacer.

Fotografía de mí en la India. Me veo algo maltratado, lo sé.

Me dijeron que tenía que promover un producto al día para escalar el negocio de manera exponencial. Estábamos impulsando productos como un inútil PDF de 49 dólares que mostraba cómo hacer aplicaciones para iPhone. Mi *coach* de negocios, a quien le pagaba 10 000 dólares al día, me aconsejó que, si quería aún más ganancias, debía contratar a más gente, y que tenía que hacerlo de forma agresiva. Así fue como nuestro equipo pasó de cuatro a veinte personas en seis meses. Me dijeron que actuara de forma profesional, y por eso redujimos la imagen estrafalaria de la marca en el sitio web de AppSumo. También me recomendaron participar en reuniones y realizar evaluaciones de desempeño formales, lo cual llenó mi agenda de reuniones con empleados y socios que no me importaban.

Me convertí en empresario para vivir la vida que quería, no para cumplir con lo que se suele esperar de un CEO. Por suerte, estaba consciente de que, como empresario, tenía la capacidad de implementar cambios.

Iniciar un negocio se basa en la búsqueda de la libertad, lo que implica mucho más que solo maximizar ganancias. Tal vez libertad signifique pasar tiempo con tus hijos en la mañana y relajarte en la tarde, trabajar a distancia mientras practicas tus lecciones de tango en Argentina, o fabricar un producto solo porque te parece genial.

En mi vuelo de vuelta a casa, decidí que en AppSumo solo promovería productos que pudiera respaldar al 100%. Me comprometí a despedir a los amigos y colegas tóxicos, sin importar que tuvieran el aura de una "estrella de rock". Quería que nuestros sistemas de calificación de productos tuvieran tacos en lugar de estrellas, como todos los demás. Reorganicé mi agenda para no tener reuniones antes del mediodía y empecé a pasar los viernes bebiendo con grandes amigos, como Neville, durante la hora feliz... ¡que duraba todo el día! Pueden parecer cambios menores, pero son las razones por las que me volví emprendedor. Para vivir mi vida a mi manera.

Mi cambio no fue inmediato. Todavía tengo que seguir trabajando en todos estos aspectos hasta la fecha, pero la actividad empresarial y el fin de semana millonario me han enseñado más sobre mí mismo que todo lo demás combinado. Esto es lo que he aprendido: **el primer paso para obtener todo lo que deseas en el mundo es permitirte desearlo y, en segundo lugar, enfrentar los miedos necesarios para conseguirlo.**

Algunas personas trabajan en un empleo estable por 70 000 dólares al año y son muy felices. Lograron su sueño, ¡yupi! Pero muchos tenemos otros sueños. No existen sueños equivocados. El fin de semana millonario está dirigido a aquellos que aspiran a construir algo por sí mismos.

¿Recuerdas a Daniel Bliss, el empleado postal que creó las gafas para *belay*? Este es su consejo para ti:

> El proceso del fin de semana millonario fue fundamental para despertar mi espíritu emprendedor. Mi idea de negocio inicial evolucionó poco a poco y, en un par de años, me convertí en el principal distribuidor de una marca europea de escalada en Estados Unidos. En los siguientes 10 años, cerré el negocio tras haber ganado cerca de un millón de dólares en ventas.
>
> Las ganancias del negocio no se quedaron descansando en una cuenta bancaria; las invertí y generé una riqueza que me abrió muchas más oportunidades. Me permitió dedicarme

a mis pasiones personales, como viajar, entrenar como instructor de buceo libre en Egipto y financiar los estudios que estoy realizando actualmente en ciencias de la computación y programación.

Además, logré encontrar un equilibrio que mejoró significativamente mi calidad de vida. Todavía trabajo medio tiempo en la oficina postal y me dedico a pequeños emprendimientos, pero siempre me he enfocado en aumentar mi libertad, continuar mi viaje de aprendizaje y aprovechar al máximo la libertad que el emprendimiento me ha dado para elegir cómo utilizar mi tiempo.

Cuando veo hacia el futuro, me parece que tengo frente a mí un lienzo en blanco y, aunque no estoy seguro de qué haré a continuación, ¡sé que será más interesante que entregar correspondencia ocho horas diarias!

En retrospectiva, puedo decir con toda honestidad que, gracias a ***Millonario en un fin de semana***, ¡soy una persona completamente distinta!"

Daniel Bliss escalando en la montaña y viviendo su vida millonaria.

DESAFÍO

Compartamos tu historia de éxito para ayudar a otros

Así como aprendiste de Daniel, tus palabras pueden inspirar a alguien más.

Escribe y envía un correo electrónico a noah@MillionDollarWeekend.com o haz una publicación en redes sociales y etiquétame como @noahkagan. Explica cómo has mejorado tu vida y yo compartiré tu historia en MillionDollarWeekend.com. El hecho de que estés leyendo este libro y poniendo manos a la obra ya te está encaminando en la dirección correcta.

En este último capítulo, vamos a definir tus sueños y a priorizar las tareas necesarias para cumplirlos. Luego, exploraremos cómo construir una red de apoyo que te anime a continuar y cumplir con lo necesario, y que te ayude a lograr mucho más.

Sacar a relucir tus sueños

En un e-m-p-l-e-o tienes que aceptar el sistema en el que te encuentras. En la actividad empresarial, en cambio, puedes diseñar tu propio sistema.

El desafío tanto en tu negocio como en tu vida consiste en diseñar un sistema que aumente tu felicidad.

Todos los que nos involucramos en la actividad empresarial lo hacemos para cumplir nuestras metas de felicidad y libertad personal. Pero tu definición de éxito es distinta a la de los demás emprendedores, lo que significa que puedes diseñar tu propio camino.

Si quieres lograrlo, primero debes creer que puedes rediseñar tu vida para incluir la diversión y la realización personal que mereces. Porque, créeme: tienes permiso para hacerlo.

No permitas que el miedo te detenga. Diseñar la vida de tus sueños es lo que te permitirá volverte rico, ¡así que continúa avanzando!

El emprendimiento te brindará la oportunidad de construir tu trabajo en torno a tu vida, en lugar de que tu trabajo te consuma. El problema es que, como emprendedor y quizá también como cónyuge o padre, debes manejar múltiples responsabilidades todo el tiempo. Este caos constante, que te impide alcanzar el éxito diario, representa uno de los mayores obstáculos para alcanzar la libertad y la plenitud. La falta de enfoque te hace perder el control.

Entonces, ¿cómo podemos mantenernos enfocados en nuestras metas sin perder el control de nuestra vida?

Diseñemos una lista de pendientes para recuperar tu enfoque. Te mostraré la mía.

Lista de tu año soñado

Cierra los ojos. Imagina el mejor año de tu vida. Visualízate comiendo en tu restaurante mexicano favorito con todo el guacamole que quieras. Estás alcanzando tu cifra de la libertad, pasas la mitad del día investigando y aprendiendo sobre las plantas porque te encantan y, además, tienes la posibilidad de vivir en distintos lugares del mundo. Para que tus sueños se hagan realidad, basta con que pienses en lo que en verdad anhelas.

Este es un fragmento de la lista de mi año soñado:

- [ ] AppSumo es el mejor mercado de ventas para software y crece hasta generar 30 millones de dólares sin problemas.
- [ ] Encontramos la casa de nuestros sueños: alberca, cochera, una cocina hermosa y con grandes espacios para organizar reuniones y recibir amigos, todo a un precio muy razonable.
- [ ] Vivo una experiencia asombrosa en España con Ian, con mucho alcohol y paseos en bicicleta.
- [ ] Aumento los suscriptores del canal de YouTube a 500 000.

- ❑ Consigo una licencia de piloto aviador.
- ❑ Gracias al ciclismo, alcanzo mi mejor nivel de condición física y mi salud se fortalece.
- ❑ Continúo paseando en bicicleta por todo Estados Unidos.
- ❑ Joe Rogan me invita a su podcast para que hable de una iniciativa única y original que realicé.
- ❑ Creo un programa de negocios para Netflix que se vuelve súper popular.
- ❑ Escribo un exitoso libro que trasciende el género de negocios y autoayuda, y la gente se identifica con él a un nivel profundo.
- ❑ Viajo solo durante una semana.
- ❑ Visito una ciudad donde se puede hacer ciclismo de montaña, como Asheville, Sun Valley, Jackson Hole o Sedona.
- ❑ Compro boletos de avión a mis padres para que pasen tiempo conmigo en Europa.
- ❑ Realizo un viaje en casa rodante al Gran Cañón y, de paso, hago excursiones en bicicleta, quizá juego un poco de *disc golf*, hago fogatas, y visito merenderos y cervecerías (¿quizás acompañado de mi hermano?).

Comienza por escribir cómo te gustaría que fuera este año para ti. Tu año soñado no puede limitarse a frases generales como: "Voy a tener una casa hermosa y mi negocio triunfará". Debes ser específico: indica dónde vivirás, qué actividades realizarás, cómo te sentirás, dónde trabajarás, etcétera.

Este ejercicio servirá para inspirarte y pensar en todo lo que puedes hacer en tu vida. Luego, deberás enfocarte en las que te parezcan más importantes. He descubierto que este ejercicio me ayuda a soñar en grande porque me digo: "Demonios, ¡podría hacer todas estas ideas inspiradoras!".

Recuerda que estás delineando un año soñado. Esto significa soñar en grande y no preocuparte por el "cómo". Lo único que harás en este momento será diseñar una visión que te entusiasme. En cuanto tengas una idea clara de tu año soñado, podrás enfocarte en hacerlo realidad.

En lugar de adoptar una actitud reactiva a lo largo de 12 meses y perder el rumbo, tendrás la oportunidad de enfocarte en lo que constituiría un año increíble para ti y describirlo con detalle.

DESAFÍO

Describe tu año soñado

Escribe una lista detallada y específica.

____

____

____

____

____

____

____

____

Convierte tu año soñado en metas

Si ya describiste y registraste tu año soñado completo, es momento de tomar esos sueños individuales y organizarlos como metas. Se trata de tu vida, así que elige lo que más te entusiasme. Otro factor importante será la constancia, en especial si estás avanzando en metas establecidas en años anteriores. En lo personal, prefiero tener menos tareas que cumplir, pero sentirme muy entusiasmado de completarlas.

Puedes dividir las tareas en cuatro secciones: trabajo, salud, asuntos personales y viajes. Sin embargo, eres libre de elegir otras categorías porque, después de todo, ¡es tu vida!

Estas son las que yo elegí para el año que acabo de describir:

Trabajo:

- Generar 30 millones de dólares para AppSumo.
- Tener 500 000 suscriptores en YouTube.
- Terminar el libro *Millonario en un fin de semana.*

Salud:

- Recorrer Estados Unidos en bicicleta.
- Hacer 75 000 lagartijas.

Personal:

- Obtener la licencia de piloto aviador y volar a Albuquerque.
- Donar todo el dinero que genere o gastarlo en mí mismo y en mis amigos.
- Conseguir una casa increíble en Austin.

Viajes:

- Viajar solo durante una semana completa.
- Visitar una ciudad donde se puede hacer ciclismo en montaña, como Asheville, Sun Valley, Jackson Hole o Sedona.
- Realizar un viaje con mis padres y mi hermano.

Aspectos clave sobre tus metas:

- No te preocupes por cumplir todas las metas de tu año soñado, solo piensa en las que más te emocionan. Mi regla de oro es que si titubeas respecto a un sueño específico, entonces no debes incluirlo en la lista.
- No siempre logro todo lo que me propongo cada año. Y eso está bien. Esta lista está diseñada para ayudarte a priorizar y gestionar tu tiempo, un tema que exploraremos a continuación. La lista te ayuda a programar y a asegurarte de que estás trabajando en lo que en verdad quieres hacer.
- Durante los últimos 10 años, he tratado de fijarme metas súper ambiciosas, pero descubrí que es mejor enfocarse en las más sostenibles. Resulta más impresionante comprometerse con un

objetivo y mantenerse en él que sufrir fatiga crónica al final del año por intentar impresionar a los demás.

- Esta lista debe servirte a ti, no al revés. Si a mediados de año descubres que algo ya no es relevante, modifica la lista. Yo suelo evaluar y actualizar la lista solo dos veces al año.

La mejor manera de asegurarte de cumplir tus metas es revisarlas con frecuencia. Yo coloco las mías en estos lugares:

- En la pantalla de bloqueo de mi teléfono.
- En una nota adhesiva en mi computadora.
- En un archivo de texto que leo cada semana.
- En el espejo de mi baño.
- En una nota que leo todos los días.

DESAFÍO

Encuentra una persona a quien enviarle tus metas

Puede ser una de las personas que invirtió en ti un dólar cuando empezaste los desafíos del libro, o un amigo o conocido... cualquier persona en quien confíes y que sepas que te contactará con regularidad para verificar tus progresos. Esta persona debe estar dispuesta a cuestionarte y confrontarte si empiezas a dar excusas.

DESAFÍO

Lista anual de metas

Usa las cuatro categorías para organizar tus metas anuales.

Trabajo

____

____

____

Salud

____

____

____

Personal

____

____

____

Viajes

____

____

____

Muéstrame tu calendario y te diré qué es lo más importante para ti.

Como ya tienes tus metas claras, te ayudaré a priorizar para gestionar bien tu tiempo y evitar las distracciones de la vida.

Colorea tu calendario

Si fracasas al planear, estás planeando fracasar.

—BENJAMIN FRANKLIN

Ciento sesenta y ocho: 168.

Todos tenemos el mismo número de horas a la semana: 168. Entonces, ¿cómo es posible que algunas personas logran hacer mucho más que otras?

Con todas las obligaciones que nos imponen los niños, la comunidad, nuestro empleo de 9:00 a 5:00, los pasatiempos y otras actividades que forman parte de la vida, tenemos que asegurarnos de asignar nuestro tiempo a lo que en verdad importa.

Muéstrame tu calendario y te diré qué es lo más importante para ti.

Ahora que tus metas están definidas, las incorporaremos en tu calendario cada semana.

Este es el sistema que yo uso para mi calendario:

- Pongo todo en una **categoría.**
- Asigno un **código de color** para cada categoría.
- **Programo con colores** las prioridades de cada semana.
- Realizo una **(p)revisión semanal de cumplimiento** todos los domingos.

No estoy dictando cómo debes usar tu tiempo; más bien te ofrezco un sistema que asegura una asignación eficiente de cada hora para alcanzar tus metas.

Categorías y código de color

Esta es una captura de pantalla de mi calendario en la que se muestra una semana bastante típica:

	DOM 28	LUN 29	MAR 30	MIE 31	JUE 1	VIE 2	SAB 3
TODO EL DÍA			AYUNO	8:45 AM Entrenamiento matutino			
9 AM				9:45 AM Recuperación	9 AM Noah Kagan/ Hollis		9 AM Paseos en bicicleta del sábado
10 AM		10 AM Café con el equipo	10 AM EQUIPO DE DORK		10 AM Hebreo	10 AM Boxeo	
11 AM		11:30 AM RECLUTAMIENTO		11 AM Opción de terapia	11 AM Noah Kagan/Leah		
12 AM			Chad/Noah	12 PM Almuerzo 12:30 Almuerzo con prospectos	12:30 PM Noah Kagan/ Lauren	12 PM Horas de oficina	12 PM Tiempo de producción
1 PM	1 PM Centro-inspección	Charla con Bryce S. 1:30 PM RECLUTAMIENTO	Tiempo de sincro. con el jefe Tiempo con David K. 1:30 PM Seguimiento de marketing			1:45 PM Cita con Servicio de Tesla Mobile Sincro. con Chad 3 PM Sincro. con SLT	

	DOM 28	LUN 29	MAR 30	MIE 31	JUE 1	VIE 2	SAB 3
2 PM	2:30 PM Museo Blanton	2:45 PM Jeremy <> Noah	2:30 PM Noah/ Hannah	2 PM Moses Kagan	2 PM Noah Kagan/ Merry		2 PM IMPUESTOS
3 PM		Llamada – Alex L.	Charla con Isao		3:15 PM Entrevista con vicepresidente de ingeniería		
4 PM		Grabar video 4:30 PM Lisa D. <> Noah Kagan	4:15 PM Abogado	4 PM Grabar un video			4 PM Fiesta de Chisos
5 PM		Alex W. AppSumo	5:30 PM RECLUTAMIENTO		5 PM VUELO	5 PM Parrillada de AppSumo	
6 PM		6:30 PM Paseo en bicicleta	6:30 PM Ejercicio en casa	6 PM Paseo en bicicleta			
7 PM	7 PM Leah L. - Southwest						
8 PM			8 PM Noche solo				

Si quieres ver una versión reciente de mi calendario, visita MillionDollarWeekend.com.

¿Notaste algo? Está en blanco y negro. Es porque mi editor dijo que sería muy costoso imprimirlo en color, ¡ja! Sin embargo, en el original todo está organizado con un código de colores.

- Azul = Trabajo
- Verde = Salud
- Violeta = Personal
- Amarillo = Viajes

Este código de colores me permite echar un vistazo a mi calendario y ver de manera instantánea si estoy utilizando mis bloques más extensos de tiempo para cumplir mis metas. Una mirada rápida me ofrece una imagen instantánea de cómo mis esfuerzos se alinean con mis prioridades y cómo se distribuyen a lo largo del día.

Implementar este sistema podría estresarte o hacerte sentir que estás trabajando en exceso. Si eso sucede, no hay problema, bota mi sistema a la basura. No me importa cómo organices tu tiempo, solo deseo que establezcas prioridades de tal forma que trabajes en las metas que te propones en la vida.

Este sistema me da la oportunidad de revisar mi calendario y decir: "Si la prioridad que establecí fue aumentar mi audiencia de YouTube a 500 000 suscriptores, ¿por qué veo tan poco azul?". Entonces, puedo dedicar más tiempo de trabajo a esa tarea.

CONSEJO PROFESIONAL: Dale prioridad a tus metas principales. Esto quiere decir que, si tu objetivo principal es YouTube, enfócate en esa tarea en los primeros días de la semana para asegurarte de abordar lo que más importa. Por ejemplo, yo me canso conforme avanza la semana, por eso programo mis tareas más importantes para el lunes y el martes.

Cómo priorizar las tareas importantes para que puedas cumplir tus metas

En una ocasión, le pregunté a Neville qué había hecho ese día y me dijo que vio *Los Simpson* y tocó la guitarra.

Sorprendido, ¿verdad?

¿Pasaste el día en casa sin hacer nada? La culpa y ansiedad que eso me habría provocado es astronómica.

Pero sucede que Neville prioriza todo en su semana, implementa sistemas que garantizan que se cumpla lo necesario en su negocio y vive conforme a sus propios deseos, no a las expectativas ajenas.

Estas son las preguntas que yo uso para priorizar mis actividades:

1. ¿Cómo elijo lo que debo hacer cada semana?

Todos los domingos dedico 15 minutos a revisar la semana anterior y planificar las tareas de la siguiente. Esta es tu oportunidad de revisitar tus metas anuales y elegir cada semana las actividades que te acercarán más a ellas.

2. ¿Cómo puedo saber si estas tareas me llevan en la dirección correcta hacia mi meta?

Durante mi revisión dominical, también reviso las metas del domingo anterior y evalúo mi progreso. Este momento me permite determinar si la aguja se movió hacia mi meta anual.

No se trata de juzgarte ni avergonzarte, sino de mantenerte comprometido y mejorar de forma continua.

3. ¿Y si quiero relajarme? ¿También tengo que programarlo?

Siempre me pregunto: ¿Qué haría Neville? Y la respuesta es que Neville no programaría algo así de ninguna manera. Habrá días en que, al igual que él, no querrás hacer nada. Adelante, disfrútalo, usa tu holgazanería a tu favor. ¿Hay alguna tarea de tu trabajo que podrías dejar de hacer? ¿Podrías subcontratar a alguien más para que se encargue de ello o encontrar un software que lo haga por ti (y tal vez comprarlo a un precio excelente en AppSumo.com)?

4. ¿Cómo puedo redoblar esfuerzos en las actividades que me acercan a mis metas?

Programa en bucle todas las actividades que disfrutes o que te ayuden a cumplir tus metas. Mi lema es: entre más actividades programes en bucle, mejor. Si todos los lunes y jueves trabajas tres horas en tu audiencia de YouTube a partir de la 1:00 p. m., crearás un hábito. Por ejemplo, todos los martes por la noche paseo en bicicleta; se ha convertido en una rutina. Si las tareas más importantes se añaden de forma automática, liberas tu cerebro para enfocarte en desafíos más complejos que te vigorizan e impulsan hacia tus objetivos.

Cuando ya tienes tus metas fijas, la última pieza para vivir tu sueño es tu sistema de apoyo que te mantenga comprometido y te impulse a triunfar. Veamos cómo implementar este sistema.

Nunca emprendas solo

El 90% de mi valor neto proviene de conocer a personas. Cuando empecé AppSumo, contacté a Andrew Warner, quien me presentó a Chad, mi futuro socio de negocios y director de tecnología, además de convertirse en uno de mis mejores amigos.

Andrew Chen, a quien conocí en un pícnic de startups, transformó nuestro negocio de paquetes de software a ofertas personalizadas. ¡Ese cambio cuadriplicó nuestros ingresos ese año!

Antes de volverse increíblemente famoso, Tim Ferriss publicó un tuit que no solo impulsó el segundo trato que hice en mi vida, sino que también ayudó a generar una cantidad brutal de ventas.

Eric Ries, promotor de *The Lean Startup*, me ayudó a realizar un paquete para SXSW que elevó a AppSumo de una empresa de seis a siete cifras.

Con un solo correo electrónico, Neville Medhora ayudó a que nuestro trabajo de marketing pasara de generar 100 a 10 000 dólares por envío.

Los grandes emprendedores tienen grandes comunidades emprendedoras. No existe la idea de "hecho por uno mismo". Aquí todos triunfan en equipo.

Ser emprendedor implica enfrentar frustraciones y soledad; esto es parte inherente del rol. Por eso debes rodearte del grupo de gente adecuada, es decir, de otros emprendedores que comprendan el arduo camino que estás recorriendo. En especial cuando empiezas por tu cuenta, necesitas construir tu propia infraestructura social para que te apoye, se asocie contigo, fomente tu aprendizaje y se asegure de que no te rindas.

Permíteme mostrarte tres maneras de conocer a la gente correcta para que te acompañe en este viaje empresarial.

1. Consigue un compañero que te haga rendir cuentas

En general, cuando sabemos que alguien observa nuestro comportamiento, tomamos decisiones más acertadas y trabajamos con mayor diligencia. A este fenómeno los investigadores lo denominan el Efecto Hawthorne, pero yo lo llamo "mi mejor estrategia para la productividad".

Por alguna razón, contar con un poco de presión externa nos ayuda a ser honestos y mantenernos bien encarrilados. Por eso, todos los domingos, durante los últimos 10 años, he enviado a mi amigo Adam Gilbert un correo electrónico con mi **(p)revisión dominical**, donde detallo todo lo que prometí hacer la semana anterior, cuánto de ello logré y mis planes para la semana entrante.

Esta es una de mis revisiones:

El domingo 2 de octubre, a las 8:50 p.m. Noah Kagan noah@gmail.com escribió:

Trabajo:

AppSumo:

- Hacer el informe del proceso de un cliente de marketing.
    - Avancé mucho en esto.
- Continuar trabajando en el marketing del Black Friday.
    - Logré afinar el proyecto. Está cobrando vida.
- Hacer juntas individuales de supervisión con el personal clave.
    - Me reuní con la mayoría. Terminaré mañana.
- Ayudar en la búsqueda de un director financiero, vicepresidente asesor de marketing y, quizás, un asesor de ventas.
    - Avancé con el asesor de marketing, esta semana trabajaré en buscar un director financiero y, en una semana más, un asesor de ventas.
- Reunirme con un agente para trabajar en el diseño gráfico de un libro.
    - Hecho. Tengo que hablar más con ellos.
- Reunirme con Tahl Raz.
    - Hecho.
- Revisar los comentarios de los lectores beta (es decir, Adam).
- Recibí retroalimentación increíble. Necesito más.

Salud:

Boxeo

Squash

1 paseo épico en bicicleta

- Hecho. No jugué squash. Yom Kippur.

Personal:

Libros por leer:

- *Thinking in Systems* (físico).
- *4000 Weeks* (electrónico).
- *The Fish That Ate the Whale* (audiolibro).

Ir a ACL con Dan

- Tal vez. Por confirmar. Esta noche.

Viajes:

Investigar sobre ciudades para el viaje a Europa con mis padres.

- Hecho.

Adam respondió a mi correo de esta forma: "Buen trabajo para el Black Friday, tengo ganas de ver en qué resulta. ¿Cuánto tiempo estás invirtiendo en hacer tus lagartijas? No las veo en la lista y dijiste que era una meta importante para este año".

Busca a alguien a quien respetes, como un compañero de trabajo que también se esté esforzando por cumplir metas similares. Establezcan este ritual dominical para ayudarse el uno al otro. Tu amigo o amiga siempre estará ahí para apoyarte y celebrar incluso los logros más modestos. La persona que elijas deberá responder a tus correos electrónicos e instarte a seguir trabajando. Si nunca responde o no te llama si no cumples con tu plan, necesitarás buscar a alguien más comprometido.

¿Compañeros de responsabilidad? Suena a negocio con el potencial de producir un millón de dólares. Quizás alguno de los lectores de este libro podría validarlo y ponerlo en marcha. (:

DESAFÍO

Compañero de responsabilidad

El amigo que me ayudará a cumplir mis metas es:

Busca a una persona a quien le puedas enviar tus metas cada semana. Yo he trabajado con Adam Gilbert los últimos 10 años. Adam es fundador de MyBodyTutor y cada semana revisa mis metas anuales. ¡Necesitas a alguien con el superpoder de animarte a cumplir!

Visita MillionDollarWeekend.com y únete a nuestro boletín. Yo trataré de ponerte en contacto con un amigo que te ayude y anime a cumplir tus metas.

Supongamos que ya encontraste un amigo como Adam. Ahora, ¿cómo puedes conectarte con otras personas para que te ayuden a triunfar en tu negocio? ¡A continuación, te presento dos estrategias efectivas!

2. *Enfócate en los* pre influencers

Siempre hago un esfuerzo por conectar con personas ambiciosas antes de que alcancen el éxito. En esta etapa, es mucho más fácil ponerse en contacto con ellas, apoyarse mutuamente y forjar relaciones auténticas.

A Tim Ferriss lo conocí en 2007, antes de que se volviera famoso, cuando trataba de promover un libro que todavía no se publicaba: *La semana laboral de 4 horas*. A Ramit Sethi lo conocí cuando todavía estaba en la universidad, acababa de comenzar un blog llamado iwillteachyoutoberich.com, y estaba ganando 0 dólares con él. Nos hicimos muy buenos amigos y ellos han sido clave en mis logros. Recuerda, lo importante no es dónde están ahora, sino hacia dónde crees que van. Yo todavía trato de ponerme en contacto con gente ambiciosa todo el tiempo. Hace algunos años, contacté a Harry Dry, de Marketing Examples, un joven inglés que estaba haciendo un excelente trabajo con su boletín de estudios de caso de marketing y consejos de escritura creativa. Me encanta relacionarme con gente interesante como él; además, una relación como esta nos brinda la gran oportunidad de ayudarnos mutuamente ahora y en el futuro. Conéctate con la gente sin esperar nada a cambio.

Actualmente, Harry tiene 100 000 suscriptores en su lista de correo electrónico, 30 000 seguidores en LinkedIn y 140 000 en Twitter. ¡Me parece épico! ¡Y nos hemos convertido en buenos amigos! Hubiera sido más difícil conectar con él a estas alturas, pero yo lo contacté cuando era *pre influencer*, así que fue más sencillo, como con Ramit Sethi y Tim Ferriss.

Aquí tienes tres principios que te ayudarán a encontrar *pre influencers*:

1. ¿Quién está realizando un trabajo que te impresiona?
2. ¿Esa persona aún no recibe mucha atención y es probable que te responda?
3. ¿Qué podrías hacer para ayudarla?

DESAFÍO

Conéctate con un *pre influencer*

La manera más sencilla de conectar con alguien es elogiando su trabajo sin pedir nada a cambio.

Envíale al pre influencer este mensaje:

Hola [nombre de pila].
Me encanta tu contenido. [Inserta el contenido específico que te agradó o que tuvo un impacto en tu vida.]
¡Sigue así!
[Tu nombre]

Después de enviar un mensaje como este, es probable que recibas una respuesta. Puedes aprovechar la oportunidad para iniciar un diálogo sobre posibles colaboraciones o apoyos mutuos en el futuro. Si envías un mensaje para pedir algo de inmediato, tu mensaje podría ser percibido como spam, basura. En cambio, si entablas un primer contacto de la manera que te mostré, solo estás enviando un halago sin expectativas.

3. Construye tu red VIP con referidos

Andrew Chen es uno de los ejecutivos más conocidos en Silicon Valley y actualmente es vicepresidente de Andreessen Horowitz, una firma que se especializa en juegos, AR/VR, metaverso y otras áreas interesantes y divertidas.

Sin embargo, en 2007, cuando solo tenía 23 años, se acababa de mudar al área de la Bahía y yo era la única persona que conocía.

Cuando llegó, Andrew sabía que para cumplir sus sueños y tener éxito necesitaba ampliar su red. Dado su ambicioso espíritu de veinteañero, resultaba lógico que tratara de encontrar gente 10 veces mejor que él. Para construir su red, se fijó una meta: "conocer a cinco personas nuevas cada día en mis primeros seis meses en el área de la Bahía".

En menos de un año, se relacionó con gente de alto perfil, como el capitalista de riesgo Marc Andreessen (cofundador de Netscape) y el empresario Eric Yuan (fundador de Zoom). Su estrategia le permitió convertirse en socio general en Andreessen Horowitz, una de las firmas de capital de riesgo más respetadas del mundo.

Su plan consistió en contactar de manera persistente a personas relevantes, dar seguimiento y pedir referidos.

Cada vez que Andrew conocía a una nueva persona, regresaba a casa y le enviaba un correo electrónico de agradecimiento que incluía:

- Comentarios destacados de la conversación que le interesaron.
- Acciones de seguimiento y pendientes.
- Una solicitud para conocer a más personas.

¿Te gustaría probar esta estrategia en tu ciudad? Usa la plantilla que aquí te muestro para la próxima vez que conozcas a alguien:

Hola, Noah.

Solo quería darte las gracias por haberte reunido conmigo. Eres genial.

Aquí te dejo tres lecciones épicas que me diste durante nuestra conversación:

- Investigar sobre la háptica. Aquí hay una gran oportunidad de crecimiento para el negocio (incluso mencionaste que podría ser la siguiente industria millonaria... ¡diablos!)

- "Para ser exitoso necesitas comenzar con cosas que NO crecen". ¡Una gran cita!
- Empresas que vale la pena observar: Mutual Mobile, Onnit y Backlinko.

Estoy muy agradecido.

Tengo una duda: ¿habrá una o dos personas con las que creas que debería reunirme?

Gracias de nuevo,
Andrew

Cuando Andrew tenía una nueva lista de personas por conocer, les enviaba un correo electrónico introductorio que contenía tres puntos esenciales:

- Una breve semblanza sobre él.
- El valor que podría aportar (es decir, ¿de qué manera saldrían beneficiadas?).
- Por qué le emocionaba la posibilidad de conocerlas.

Este mensaje lo personalizaba y lo enviaba al empresario o VIP que quería conocer. Tú puedes hacer lo mismo.

Explicarle a alguien por qué eres interesante, cómo puedes ayudarle y por qué quieres reunirte con él o ella puede acelerar tu éxito. Si no incluyes estos tres puntos en tu comunicación, no te sorprendas si te ignoran.

Este es un correo electrónico que Andrew envió, en el cual destaqué las partes fundamentales:

ASUNTO: Steve Smith me habló de ti **[en el renglón del asunto debes usar tu gancho más fuerte para atraer la atención del lector; en este caso, se trata de un conocido mutuo]**

Hola, Bob.

¡Espero que estés teniendo un excelente martes por la mañana! Mi buen amigo Steve Smith me dijo que deberíamos conocernos de inmediato.

Además, me encanta tu blog. Tu artículo sobre cómo triunfar en San Francisco me cautivó **[sé detallado en tu halago]**. Inspirado en tu artículo, he estado experimentando con los eventos de Meetup.com **[tu halago y las acciones deben ser auténticos]**.

Me encantaría hablar contigo sobre cómo hacer marketing para tu negocio **[tu "regalo"]**.

¿Te parece bien si nos encontramos el próximo martes a las 10:00 a. m. en el café Coupa? Si prefieres otro lugar, estaré encantado de adaptarme **[entre más específico sea tu llamado a la acción, mejor]**.

Asimismo, me gustaría presentarte en la próxima publicación en mi blog, que tiene más de 2 000 lectores mensuales **[más valor para la persona contactada]**.

Gracias,

Andrew

P. D.: Algunos datos sobre mí: acabo de mudarme a San Francisco. Hace poco empecé a interactuar con Marc Andreessen, Mitch Kapor y otros **[prueba de contactos sociales]**.

DESAFÍO

Pídeles a tus amigos un referido

1. Piensa en la primera persona que te venga a la mente. ¿Quién es el amigo más impresionante que conoces?

____

____

2. Envíale este mensaje:

____

____

Hola [nombre del amigo].

Eres la persona más impresionante que conozco y me gustaría solicitar tu ayuda para extender mi red de contactos.

Me encantan la realidad virtual, las impresoras 3D y el marketing por correo electrónico.

¿Con quién crees que debería ponerme en contacto?

Si no se te ocurre nadie en particular, no hay problema.

Prefiero pedir solo un nombre para facilitarle la tarea a la persona. Luego le digo que no hay problema si no se le ocurre nadie porque no quiero que sienta que le estoy imponiendo la tarea de presentarme a alguien.

3. Después de haber tenido una exitosa reunión con el referido, agradece a tu amigo que te lo sugirió y pídele un referido a tu recién conocido.

Ya comprendiste la importancia de empezar de inmediato, superaste tu miedo a pedir, aprendiste a identificar oportunidades de un millón de dólares y a validarlas rápido. También descubriste que las redes sociales impulsan el crecimiento y los correos electrónicos generan ganancias. Ahora dominas el marketing y sabes cómo identificar tus sueños y lograrlos acompañado de amigos increíbles que te alentarán. ¿Qué sigue?

Comienza de nuevo

Recuerdo los últimos días de vida de mi padre. Cuando fui a visitarlo, encontré una escena triste: su casa estaba desordenada con botellas de medicamentos y latas vacías de cerveza Sierra Nevada. Él alternaba entre despertar y quedarse dormido en su sillón La-Z-Boy. Me senté a su lado mientras miraba con tristeza la televisión que mostraba un deplorable canal local de noticias. Me sentí como un niño otra vez y anhelaba su amor y su aprobación. Fui a despedirme, pero también a contarle sobre mi buena fortuna y agradecerle por las lecciones que me ayudaron a llegar a donde me encontraba.

Como suelo hacerlo, traté de inyectar un poco de humor.

—No te inquietes, papá, no vine para quedarme a dormir en tu sillón. Ahora tengo un departamento y, no lo vas a creer, pero este año, el negocio que comencé va a generar algunos millones en ingresos. Es asombroso, ¿no crees?

—Sí, sí, maravilloso, Noah —contestó—. ¿Podrías cambiar el canal, por favor?

Y eso fue todo. No hubo una escena final entre padre e hijo al estilo de Hollywood. No hubo palabras sabias ni un reconocimiento entre lágrimas de lo orgulloso que estaba de mí. En ese momento, sentí como si cayera en un pozo muy profundo. Mis inseguridades regresaron de golpe, acompañadas de esas voces internas que solo yo puedo escuchar y que nunca he podido silenciar del todo. Resonaron más fuerte que nunca e insistieron en que yo no valía lo suficiente, que mi mundo se desmoronaría tarde o temprano y que Matt Cohler tuvo razón al decir que yo era un pasivo.

Qué locura, ¿no? Es increíble cómo nuestro cerebro puede volverse en nuestra contra.

Hace 15 años, el día que me despidieron de Facebook, comenzó la aventura de toda una vida, algo que jamás habría imaginado en ese entonces. Ahora estoy agradecido de que me hayan despedido porque eso me permitió salir de ahí y explorar el mundo a mi manera. Hoy, me siento afortunado y emocionado de poder compartir todas estas lecciones contigo y ayudarte a crear el camino que deseas seguir en tu vida.

Las experiencias que pondrán a prueba tu fuerza de voluntad y tu resiliencia nunca terminarán, y, sin importar cuánto logres, las dudas tampoco desaparecerán. Un padre agonizante puede parecer un ejemplo peculiar y dramático, pero en momentos de mayor o menor importancia, **lo que le da forma a tu existencia es la disposición que tengas para enfrentar tus miedos. Recuerda, sigue adelante sin importar qué pase.**

Tienes que definir lo que significa el éxito para tu vida y dejar de preocuparte por lo que piensen los demás. El fin de semana millonario te empodera para crear la vida que quieras vivir. Y no olvides que tienes 52 oportunidades para hacerlo este año.

Lograr tus sueños se resume en una pregunta: ¿cuántas veces estarás dispuesto a levantarte después de caer? Emprender es justo eso, tener la habilidad de generar ideas y el coraje para probarlas.

Ser empresario implica experimentar, experimentar y experimentar. Fracasar, fracasar y fracasar. Hasta que tengas éxito.

Solo comienza. Y luego… comienza de nuevo.

Con cariño,

Noah

P. D.: Envíame un correo electrónico a noah@MillionDollarWeekend.com. Aquí estoy para ti. :)

GRADUADO

FIN DE SEMANA MILLONARIO

FELICITACIONES A:

¡Por completar el desafío de crear un negocio
y cambiar tu vida en 48 horas!

Cordialmente,

Noah Kagan

Hemos dejado esta página en blanco a propósito para que puedas hacer anotaciones y registrar tus ideas inspiradoras...

Agradecimientos

- Tú eres la primera persona a la que me gustaría agradecerle. Bien hecho, felicidades por enfrentar tus miedos, tener un sueño y tratar de cumplirlo.
- Tahl Raz. Durante años soñé con la oportunidad de trabajar contigo en un libro. Gracias por arriesgarte conmigo. De alguna manera, lograste reunir todas mis aventuras, teorías, ideas y trucos para crear una narrativa mucho mejor de la que yo habría imaginado. ¡Gracias! También agradezco que compartas conmigo el gusto por el *schvitzing*: ¡sudar la gota gorda!
- Adam Gilbert, por aquel paseo en bicicleta hace más de 10 años, donde te compartí mi sueño de verter todo mi conocimiento en un libro para compartirlo con la gente. Y por ser siempre, siempre, siempre mi ángel guardián.
- Chad Boyda, por ser un gran socio y uno de los primeros promotores de este libro.
- Neville Medhora, por rescatarme en las últimas semanas de revisión del manuscrito.
- María Fernanda Salcedo Burgos, por ser tú y por cuidarme mientras escribía.
- Lisa DiMona, mi segunda madre y gran defensora durante todo el proceso de este libro.
- Charlie Hoehn, por ser mi arma secreta al escribir y por no dejar de recordarme que debo ser Noah Kagan.

- Tommy Dixon, por mantenerte fiel a tus creencias y por apoyarme con el lanzamiento.
- Nikki Poncsak, por toda su investigación para el libro.
- Jeremy Mary, por instarme a salir de mi zona de confort, por generar excelentes contenidos a mi lado y por ayudarme a encontrar los maravillosos títulos de los capítulos.
- Mitchell Cohen, por su valiosa retroalimentación sobre las primeras versiones del libro. ¡Y por recordarme que siempre debo ser más optimista!
- Merry, Adrian, Stefanie, Mary Kate y el equipo de Penguin, por creer en el libro.
- David Moldawer, por ayudarme a formar la propuesta que dio origen al libro.
- Sam Parr, por inspirarme a trabajar duro.
- Ayman Al-Abdullah por inspirarme a ser más constante y siempre alentarme a alcanzar un estándar más elevado.
- Ilona Abramova, por ayudarme a dirigir AppSumo.com mientras me concentraba en el libro y en escribir oraciones geniales.
- ¡A todos los integrantes del equipo AppSumo.com!
- Gracias a Cam Boakye (nuestro editor de YouTube) por ayudarme a producir contenidos asombrosos y demostrar el enorme potencial de quienes son subestimados.
- A todos los Sumolitas y a la gente que compra en AppSumo o disfruta de mi contenido: ustedes me inspiran cada vez que persiguen sus sueños.
- Dan Andrews (tropicalmba.com), por los geniales paseos en bicicleta y por ser un maravilloso filósofo de los negocios y un compañero de reflexión increíble.
- Tim Ferriss por proveerme la plataforma que hizo posible la realización de esté libro.
- James Clear, Vanessa Van Edwards, Ramit Sethi, Dan Martell, Mark Manson, Chris Guillebeau y Ryan Moran, por estar disponibles y compartir sus consejos sobre cómo escribir y promocionar un libro.

- Agradezco a todas las personas que dejaron comentarios en los primeros borradores y que formaron parte del equipo de lanzamiento: ustedes saben quiénes son.
- Peter Maldonado (chomps.com), por ser la primera persona que apoyó el libro sin siquiera pensarlo desde su deliciosa empresa.
- Mi mamá y mi papá, por ser mis más grandes promotores y por enseñarme tanto.
- A lo largo de la escritura de este libro comprendí cuántas personas que forman parte de nuestra vida quieren que triunfemos. Te aseguro que son muchas más de las que te imaginas. ¡Y yo estoy entre ellas!
- Si sientes que no te incluí porque olvidé tu nombre (lo lamento), por favor escríbelo aquí:

  ____

Notas

21 **Enfoque del marketing con base en la experimentación:** Kagan, N., "Growth Marketing Mint.com from Zero to 1 Million Users", *OkDork,* blog, 6 de febrero de 2017, https://okdork.com/quant-based-marketing-for-pre-launch-start-ups.

Primera parte. **Comienza**

25 **Se pueden cometer dos errores:** Nota: Esta cita se le atribuye sobre todo a Buda. Sin embargo, no parece haberse originado en alguna obra conocida.

35 **A mi amigo Ralph Waldo Emerson:** Nota: Esta cita se le atribuye de manera generalizada tanto a Ralph Waldo Emerson como a Mark Twain, sin embargo, no parece haberse originado en alguna obra conocida.

Capítulo 2. **La ilimitada ventaja de pedir**

46 **Te daré un ejemplo: Kyle Macdonald:** MacDonald, K., "What If You Could Trade a Paperclip for a House? Kyle Macdonald, TEDxVienna, 20 de noviembre de 2015, video, 13:22 https://youtube/8s3bdVxuFBs.

50 **Cuando era niña, el padre de Sara Blakely:** Bankoff, C., "How Selling fax Machines Helped Make Spanx Inventor Sara Blakely a Billionaire", *The Vindicated, New York Magazine,* 31 de octubre

de 2016, https://nymag.com/vindicated/2016/10/how-selling-fax-machines-helped-sara-blakely-invent-spanx.html.

52 **...muestran que, si al principio te dicen que no:** Newark, D. A., Flynn, F. J., y Bohns, V. K., "Once Bitten, Twice Shy: The Effect of a Past Refusal on Expectations of Future Compliance", *Social Psychological and Personality Science* 5, núm. 2, 2014, p. 218-225, doi: 10.1177/1948550613490967.

Capítulo 3. Encuentra ideas de un millón de dólares

63 **Steve Jobs solía decir:** superapple4ever, "Apple's World Wide Developers Conference 1997 with Steve Jobs", YouTube, 5 de junio de 2011, video, 1:11:10 [52:15-52-22], https://www.youtube.com/watch?v=GnO7D5UaDig.

63 **...todos en Amazon deben priorizar:** Empleados de Amazon, "2016 Letter to Shareholders", sobre Amazon, 17 de abril de 2017, https://www.aboutamazon.com/news/company-news/2016-letter-to-shareholders.

63 **El primero de sus 16:** "Leadership Principles", empleos de Amazon, https://www.amazon.jobs/content/en/our-workplace/leadership-principles.

74 **Mark Zuckerberg empezó Facebook un fin:** Kaplan, K. A., "Facemash Creator survives Ad Board", *The Harvard Crimson*, 19 de noviembre de 2003, https://www.thecrimson.com/article/2003/11/19/facemash-creator-survives-ad-board-the/.

74 **Microsoft comenzó porque Bill Gates:** "Microsoft Fast Facts: 1975", Microsoft News, 9 de mayo de 2000, https://news.microsoft.com/2000/05/09/microsoft-fast-facts-1975/.

Capítulo 4. El modelo de negocios de un minuto

87 **Cinco minutos después, surgió la marejada:** Kagan, N., "How I Made $1K in 24 Hours—Sumo Jerky", *OkDork* (blog), 24 de abril de 2020, https://okdork.com/make-money-today/.

90 **...su negocio, Same Ole Line Dudes:** Post, C., "Meet the New York City Dudes Who Will Wait in Line So You Don't Have

To", *The Penny Hoarder*, 13 de agosto de 2020, https://www.thepennyhoarder.com/make-money/start-a-businessUsame-ole-line-dudes/.

90 **...cobran un mínimo de 50 dólares:** "Pricing—Same Ole Line Dudes, LLC", Same Ole Line Dudes, visitado el 18 de enero de 2023, http://www.sameolelinedudes.com/pricing.

90 **Robert se lleva 80 000:** Gabbatt, A., "'A Five-Day Wait for $5,000': The Man Who Queues for the Uber-Rich", *The Guardian*, 5 de mayo de 2022, https://www.theguardian.com/us-news/2022/may/05/a-five-day-wait-for-5000-the-man-who-queues-for-the-uber-rich.

90 **Codie Sánchez atrajó a más de un millón:** Zhang, K., "Codie Sanchez: Builder o fan 8-Figure Portfolio Buying 'Boring Businesses'", *Under30CEO*, 26 de mayo de 2022, https://www.under30ceo.com/codie-sanchez-interview/.

Capítulo 5. El desafío económico de 48 horas

121 **Instagram empezó como una aplicación:** Garber, M., "Instagram Was First Called Burbn'", *The Atlantic*, 2 de julio de 2014, https://www.theatlantic.com/technology/archive/2014/07/instagram-used-to-be-called-brbn/373815/.

121 **Slack empezó como una aplicación:** Clark, K., "The Slack Origin Story", *TechCrunch*, 30 de mayo de 2019, https://techcrunch.com/2019/05/30/the-slack-origin-story/.

Capítulo 6. Las redes sociales son para el crecimiento...

131 **...el único atleta de la historia:** Adler, D., y Randhawa, M., "Tough to Choose: Top Two-Sport Athletes", *MLB*, 1 de febrero de 2023, https://www.mlb.com/news/list-of-top-athletes-to-play-2-or-more-sports-c215130098.

133 **...el gurú del marketing Seth Godin llama:** Godin, S., "The Smallest Viable Audience", *Seth's Blog* (blog), 22 de mayo de 2022, https://seths.blog/2022/05/the-smallest-viable-audience/.

133 **...cofundador de la revista *Wired*:** Kelly, K., "1,000 True Fans", *The Technium* (blog), 4 de marzo de 2008, https://kk.org/thetechnium/100-true-fans/.

134 **...en Danny Wang Design, una empresa local:** Wang, D., (@dannywangdesign), TikTok, visitado el 18 de enero de 2023, https://www.tiktok.com/@dannywangdesign.

136 **Tuve la suerte de entrevistar a Ben:** Kagan, N., "How to Create an Email Newsletter", *OkDork* (blog), 15 de abril de 2020, https://okdork.com/how-to-create-an-email-newsletter/.

139 **Justin Welsh la ha usado para vender:** "How Justin Welsh Built a $1,300,000 Business", *Gumroad*, 21 de noviembre de 2021, https://gumroad.gumroad.com/p/how-justin-welsh-built-a-one-person-1-000-000-business.

139 **...el ex escritor de *Rolling Stone*:** Barkan, R., "What Happened to Matt Taibbi?", *New York Magazine,* 29 de octubre de 2021, https://nymag.com/intelligencer/2021/10/what-happened-to-matt-taibb-html.

139 **Nick Huber de The Sweaty Startup:** Huber, N., (@sweatystartup), "An update on my portfolio of businesses and an outline of my 5-10 year goals", Twitter, 20 de junio de 2023, 10:26 a.m., https://twitter.com/sweatystartup/status/1671207958066212893.

139 **...una suscripción en YouTube ¡equivale a 25 en TikTok!:** Louderback, J., "Comparing TikTok, Instagram and YouTube Subscriber Value—Plus YouTube's 7 Year Itch and Much More!", LinkedIn, 27 de julio de 2021, https://www.linkedin.com/pulse/comparing-tiktok-instagram-youtube-subscriber-value-jim-louderback/.

140 **YouTube es el sitio de *streaming*:** Duò, M., "10 Best Video Hosting Solutions to Consider (Free vs Paid)", *Kinsta*, 26 de septiembre de 2023, https://kinsta.com/blog/video-hosting/.

140 **Cuenta con 122 millones de:** Dean, B., "How Many People Use YouTube in 2023? [New Data]", *Backlink*, visitado el 10 de julio de 2023, https://backlinko.com/youtube-users.

140 **…como es el caso de SunnyV2:** SunnyV2 (@SunnyV2), YouTube, visitado el 18 de enero de 2023, https://www.youtube.com/@SunnyV2.

142 **…Ali es una estrella masiva:** Abdaal, Ali, "How Much Money I Make as YouTuber (2021)", YouTube, 16 de diciembre de 2021, video, https://www.youtube.com/watch?v=Toz7XEsSH_o.

143 **Dustin Wunderlich, de Dustin's:** Dustin's Fish Tanks (@Dustinsfishtanks), YouTube, visitado el 18 de enero de 2023, https://www.youtube.com/@Dustinsfishtanks.

143 **…se extendió a todos a todos:** "DustinsFishtanks Profile and History", Datanyze, visitado el 18 de enero de 2023, https://www.datanyze.com/companies/dustinsfishtanks/397643365.

143 **Luego tenemos a Kyle Lasota:** Kylegotcamera (@Kylegotcamera), YouTube, visitado el 18 de enero de 2023, https://www.youtube.com/@Kylegotcamera.

143 **Andy Schneider, también conocido:** "All about the Chicken Whisperer", The Chicken Whisperer, visitado el 18 de enero de 2023, http://www.chickenwhisperer.com/all-about.html.

146 **Un ejemplo de ello es el canal:** "Matt's Off Road Recovery (@MattsOffRoadRecovery), YouTube, visitado el 18 de enero de 2023, https://www.youtube.com/@MattsOffRoadRecovery.

146 **Devin Stone, de LegalEagle:** LegalEagle (@LegalEagle), YouTube, visitado el 18 de enero de 2023, https://www.youtube.com/@LegalEagle.

Capítulo 7. …los correos electrónicos son para la rentabilidad

150 **Empezaba con una frase que nunca:** Medhora, N., "The Ten Thousand Dollar Day", *Copywriting Course Members Area*, (blog), 3 de febrero de 2015, https://copywritingcourse.com/the-ten-thousand-dollar-day/.

156 **¿Recuerdas al editor digital LittleThings?:** Canales, K., "Startup Founder Says He Lost His Company and $100 Million by Relying on Facebook: 'Sends Chills Down My Spine' to Watch Others Build Businesses on Instagram and TikTok", *Business*

Insider, 25 de febrero de 2022, https://www.businessinsider.com/facebook-startup-founder-littlethings-joe-speiser-2018-algorithm-change-2022-2.

157 Una lista de correo electrónico saludable: "Email Marketing Statistics and Benchmarks by Industry", Mailchimp, visitado el 18 de enero de 2023, https://mailchimp.com/en-ca/resources/email-marketing-benchmarks/.

160 Una persona envía en promedio: Wise, J., "How Many Emails Does the Average Person Receive per Day in 2023?", *EarthWeb*, última actualización 13 de mayo de 2023, https://earthweb.com/how-many-emails-does-the-average-person-receive-per-day/.

164 El YouTuber NickTrue, de Mapped Out Money: Voight, K., "How YouTuber Nick Uses Dedicated Lead Magnets and Automations to Grow His Email List to Over 10,000 Subscribers", *ConvertKit*, 22 de marzo de 2022, https://convertkit.com/resources/blog/nick-true-case-study.

164 Su increíble incentivo para motivar a la gente: "The Story Behind Love and London", Dante, J., *Love and London*, visitado el 18 de enero de 2023, https://jessicadante.com/love-and-london.

169 Yo considero que SendFox.com, el servicio: Tan, P., "The Best Paid and Free Autoresponder (How to Pick Yours in 15 Minutes)", *Sumo*, 10 de febrero de 2020, https://sumo.com/stories/free-autoresponder.

169 …en 2010, comentaron en mi blog: Widrich, L., 27 de febrero de 2011 (10:22 a.m.), comentario en Noah Kagan, "Daily Accountability Marketing Metrics", *OkDork* (blog), https://okdork.com/daily-accountability-marketing-metrics/.

169 Lo que sí sé es que: Oyawale, I., "How to Grow a Startup from $0 to $20 Million in ARR—The Buffer Story", *CopyVista*, 11 de enero de 2021, https://copyvista.com/the-buffer-story/.

170 Para evitar fracasos similares: Kagan, N., "The SECRET to Becoming a PRODUCTIVITY MASTER (Never Be Lazy Again)", YouTube, 12 de agosto de 2020, video, 9:55 [02:56-04:58], https://www.youtube.com/watch?v=KLgIrxXvb44.

170 **Permíteme explicarte la ley:** Clear, J., "Why Trying to Be Perfect Won't Help You Achieve Your Goals (And What Will)", *James Clear* (blog), 4 de febrero de 2020, https://jamesclear.com/repetitions. (Nota: el profesor Jerry Uelsmann de la Universidad de Florida compartió su táctica con los autores David Bayles y Ted Orland, quienes cambiaron el tema de estudio de fotografía por el de cerámica para su libro de 1993, *Art & Fear*. El artículo de Clear ofrece una maravillosa explicación, tanto de la táctica de Uelsmann como de su representación en *Art & Fear*.)

170 **Esto te impedirá sucumbir a:** Godin, S., *The Dip: A Little Book That Teaches You When to Quit (and When to Stick)*, Portfolio, Nueva York, 2007.

Capítulo 8. La máquina del crecimiento

173 **...en septiembre de 2007, Mint:** Kagan, N., "Growth Marketing Mint.com from Zero to 1 Million Users", *OkDork* (blog), 6 de febrero de 2017, https://okdork.com/quant-based-marketing-for-pre-launch-start-ups/.

178 **...un individuo genial cuyo pasatiempo es escalar:** Kagan, N., "How to Create a $4,000 per Month Muse in 5 Days (Plus: How to Get Me as Your Mentor)", *Tim Ferriss* (blog), 28 de octubre de 2013, https://tim.blog/2013/10/28/business-mentorship-and-muses/.

Capítulo 9. Este año tiene 52 oportunidades

218 **...Harry tiene 100 000 suscriptores:** *Marketing Examples*, visitado el 19 de enero de 2023, https://marketingexamples.com/.

218 **...30 000 seguidores en LinkedIn:** "Harry Dry", LinkedIn, visitado el 19 de enero de 2023, https://www.linkedin.com/in/harrydry/.

218 **...y 140 000 en Twitter:** *Marketing Examples* (@GoodMarketingHQ), Twitter, visitado el 19 de enero de 2023, https://twitter.com/goodmarketinghq.

Esta obra se terminó de imprimir
en el mes de febrero de 2025,
en los talleres de Impresora Tauro, S.A. de C.V.
Ciudad de México.